D1729196

Liebe grüße

aus Meghen

von Maika
Penee
2.04.2022

700 Jahre Meyhen +   Erinnerungen und Motive
Klaus Bernhard Gablenz

700 Jahre Meyhen +

Erinnerungen und Motive

Impressum

1.Auflage 2021

Bibliografische Information der Deutschen Nationalbibliothek:

Die Deutsche Nationalbibliothek verzeichnet diese Publikation in der Deutschen Nationalbibliografie; detaillierte bibliografische Daten sind im Internet über http://dnb.dnb.de abrufbar.

Herstellung und Verlag: BoD – Books on Demand, Norderstedt

ISBN: 978-3-7557-3266-2

Danke

Besonderer Dank gilt Frau Elke Burgdorf, Gerhard Eggers, Arnd Steyer, dem Heimatverein Räpitz e.V. und Herrn Markus Cottin, Leiter der Domstiftsbibliothek und des Domstiftsarchivs Merseburg, für die fachliche Unterstützung.

Besonderer Dank gilt den Persönlichkeiten aus Politik, Verwaltung und Religion für ihre Grußworte.

Besonderer Dank gilt den Einwohnern von Meyhen für den Zusammenhalt und das lebendige Miteinander.

Der größte Dank aber gilt den lieben Menschen, die mit so viel Verzicht dieses Buchwerk erst ermöglichten.

Inhalt

GRUßWORTE

GRUßWORT DER BÜRGERMEISTERIN DER STADT MARKRANSTÄDT

Liebe Bürgerinnen und Bürger von Meyhen, liebe Gäste und Freunde des Ortes,

unser kleinste Ortschaft Meyhen feiert seinen 700sten Geburtstag.

Als Bürgermeisterin erfüllt es mich mit Stolz, dass ich anlässlich dieses Jubiläums ein paar Grußworte für die Festschrift übermitteln darf. Über Generationen hinweg haben unserer Meyhener aufgrund ihres Zusammenhaltes in allen Lebensbereichen die ständig wandelnden Herausforderungen der Vergangenheit gemeistert. Das Dorfjubiläum bietet daher in vielfältiger Weise Gelegenheit, die historische Entwicklung nachzuvollziehen.

Meyhen liegt kurz vor der Landesgrenze zu Sachsen-Anhalt und ist seit der Eingemeindung von Räpitz im Jahr 1994 ein Ortsteil von Markranstädt. Gemessen an der Einwohnerzahl ist es unser kleinster Ortsteil. Trotzdem oder auch vielleicht gerade deshalb leben die 55 Einwohner von Meyhen eine aktive und selbstbewusste Dorfgemeinschaft.

In 700 Jahren blicken die Bürgerinnen und Bürger von Meyhen auf eine wechselvolle Geschichte zurück. Fast jedes politische bzw. kriegerische Großereignis wie beispielsweise der 30jährige Krieg, die Befreiungskriege von 1813 oder die beiden Weltkriege haben Spuren in Meyhen hinterlassen und Land und Menschen beeinflusst. Doch eins haben Sie sich bei alledem erhalten – Ihren reizenden dörflichen Charakter mit einer beeindruckenden Wiese voller Süßkirschbäume, deren Blütentraum besonders im Frühjahr fasziniert. Noch heute prägen die Gehöfte von Damals das Ortsbild. Eine Neubausiedlung, wie sie vielerorts Mitte 1990

18

entstanden sind, gibt es hier nicht. Meyhen ist für die Einwohner dieses Ortsteils ihre Heimat, sowohl für diejenigen, die hier aufgewachsen sind, als auch für die, die neu zugezogen sind und ihr Herz an Meyhen verloren haben.

Leider hat Meyhen seither noch nie einen Anschluss an den öffentlichen Personennahverkehr gehabt. Ich weiß, dass Sie sich das sehnsüchtig wünschen. Die Realisierung ist nicht einfach. Doch ich darf Ihnen versichern, dass ich jede Möglichkeit, die sich für eine Erschließung Ihres Ortes mit den ÖPNV bieten sollte, nutzen werde.

Den Bürgerinnen und Bürgern von Meyhen wünsche ich für die kommenden Jahre auch weiterhin alles Gute.

Ihre

Nadine Stitterich,

Bürgermeisterin

Abbildung 1 Bürgermeisterin Nadine Stitterich

GRUßWORT DES LANDRATS LEIPZIG LAND

Liebe Leserinnen und Leser,

700 Jahre Meyhen sind ein guter Grund zu feiern, auch wenn Meyhen natürlich schon wesentlich länger besiedelt ist. Es hat eine gute Tradition, das Wissen um die Geschichte des Ortes anlässlich eines solchen Meilensteines niederzuschreiben. Für Meyhen mit seiner nur mehrere Dutzende zählenden Einwohnerschaft, ist dieser Blick in die Vergangenheit auch ein Rückblick auf die Schicksale der eigenen Ahnen. So wird z.B. der 30jährige Krieg aus dem Geschichtsunterricht in seinen Auswirkungen auf die ansässigen Familien ganz konkret erfahrbar.

Weil wir aktuell sehr in der Jetzt-Zeit leben, halte ich diesen Blick zurück für wichtig. Er kann das Verständnis für größere Zusammenhänge weiten und unsere Verbundenheit mit der Heimat stärken. Beides brauchen wir als Grundlage für eine gute weitere Entwicklung von Meyhen und unseren anderen Dörfern.

Ob ein Ort stabil in die Zukunft gehen kann, hängt ganz stark von dem Einsatz der Menschen im Dorf ab, davon wie sie ihr alltägliches Zusammenleben gestalten. Eine intakte Dorfgemeinschaft, Familienbande und Nachbarschaftshilfe sind starke Argumente, dort Kinder groß zu ziehen. Das gilt für unsere eigenen Kinder, die darüber nachdenken nach einer auswärtigen Ausbildung zurückzukehren, aber auch für junge Familien, die sich neu einen Platz suchen, um heimisch zu werden.

Für Meyhen wünsche ich auch weiterhin eine lebendige Dorfgemeinschaft, die diesen Wert pflegt und sich auch weiterhin zu helfen weiß – vor allem auch gegenseitig.

Ihr

Henry Graichen

Landrat

Abbildung 2 Landrat Henry Graichen

GRUSSWORT DES ORTSCHAFTSRATS RÄPITZ

Meyhen ist einer unserer kleinsten Ortsteile der Stadt Markranstädt, aber auch ein Ort mit Geschichte.

Im Jahr 1998 feierten wir gemeinsam mit allen Ortsteilen 550 Jahre Meyhen, dies wurde möglich, da uns vom April 1448 eine Ersterwähnungsurkunde vorlag. Nach dem Jahr 2000 ergaben sich neue Erkenntnisse, dass Meyhen bereits 1321 eine Ersterwähnung erfuhr „als Eygen", im Güter Verzeichnis Stift Merseburg. Der Name wird gedeutet als deutsch Eigen, Eigenbesitz.

Es ist nun so, dass Geschichte nicht immer mit einfachen Worten zu erklären ist. Geschichtsforschung, auch die vergangene, unterliegt oftmals neuen Erkenntnissen, so auch für unseren Ortsteil Meyhen.

Sehr geehrte Bürgerinnen und Bürger von Meyhen, Geschichte und Heimat sind meist untrennbar verbunden. Heimat ist nicht nur der Ort wo man lebt, sondern auch die Landschaft, die einem umgibt.

Werner Dieck, ehemaliger Landrat vom Landkreis Leipziger Land, schrieb 1998 im Grußwort zur 550 Jahr Feier Meyhen: „Das lebendige Miteinander zwischen und in den Orten möge stets erhalten bleiben und zu immer tiefen Heimatverbundenheit beitragen". Ich denke, diesen Worten muß man nichts mehr hinzufügen.

Im Namen vom Ortschaftsrat Räpitz wünsche ich Ihnen allen ein schönes und friedliches Fest.

Roland Vitz Ihr Ortsvorsteher

GRUSSWORT DES PFARRERS DES PFARRBEREICHS KIT-ZEN-SCHKEITBAR

Die Dorfmitte sind immer die Menschen.

Danke! 700mal Danke! Es war ein kurzfristiger Anruf und ist eine nachhaltige Feier für mich geworden. Ein kurzfristiger Anruf, den ich als seelsorglichen Ruf wahrgenommen habe: Wir hätten gerne geistlichen Beistand. Und wenn ich seelsorglich gerufen werde, versuche ich zu kommen. Und ich sah, dass unsere Kantorin Christine Heydenreich (die ich ja noch kurzfristiger um Instrumentalmusik gefragt hatte), die Musikerin in meinem Pfarrbereich, zu dem auch die Kirchgemeinde Schkeitbar gehört (inklusive Meyhen) – noch jemand mitgebracht hatte, für die Musik, Roland Rost aus Schkölen.

Und ich sah einen vollen Dorfplatz und viele gelöste Menschen. Ich sah, wie die Sonne schien. Ich sah, als ich kam, wie alle Generationen versammelt waren. Und ich hörte, vor meiner Ansprache und meiner Segensbitte für die Dorfgemeinschaft, von der Idee, dass ein Geburtstagskind das Denkmal enthüllen soll. Und ich redete, unmittelbar vor dem „Festakt", zum Beispiel mit zwei anscheinend ganz unterschiedlichen Menschen: mit Herrn Eggers, der mich sehr freundlich, mit bescheidenem, fröhlichem, aufrichtigem Stolz auf diesen Tag begrüßte, und mit Herrn Gablenz, der mich zu dieser Gedenkstunde eingeladen hatte, er in einem Rockmusik-T-Shirt: Und schon das ist für mich ein nachhaltiger, schöner Eindruck: Wenn Menschen Dorfgemeinschaft wollen, dann gibt es keine Kleiderordnung, dann gibt es keine Trennungen, dann ist die Freude da, dass unterschiedliche Menschen, einheimische und zugezogene, jüngere und ältere, zurückhaltende und impulsive, konventionelle und unkonventionelle, sächselnde und nicht nichtsächselnde – dass unterschiedliche Menschen das eine nicht nur wollen, sondern auch machen: Die Dorfmitte sind immer die Menschen.

Ein Dorf ist mehr als die Ansammlung von Häusern, anderen Gebäuden, von Feld und Flur. Nach der Segensbitte, am Denkmal, trank ich gerne ein Bier und verspeiste eine Roster und kam aus dem Staunen nicht mehr heraus, was hier auf die Beine gestellt wird. Und ich sah eine Bühne, auf der das Leben sich sehr weiter zu regen begann, und ich sah einen Tisch mit älteren Menschen, zum Beispiel, etwas entfernt und doch dabei, der signalisierte: Hier sind alle willkommen: diejenigen, die so glücklich sind, dass es dieses Dorf, diese Heimat gibt, und dies laut und fröhlich feiern, und diejenigen, die auch glücklich sind, dass es dieses Dorf Meyhen gibt, diese Heimat, und dies eher beschaulich genießen.

Und ich sah, dass Leben jetzt und Freude auf die Zukunft – und die Erinnerung (700 Jahre!) an Menschen, an Zeiten, an Liebe, Scheitern, Frieden, Krieg, Kleines, das die Zeitläufte überdauert hat, ein hübscher Flecken Erde: dass dies alles zusammengehört und ein Bekenntnis ist: Wir denken an die Früheren, die ja in die Dorfgemeinschaft hineingehören, wir nehmen Schmerzen und Lieben hinein, und leben als Heutige. Und ich sah und hörte für mich: Es gibt Zukunft. Es gibt Zukunft Dorf! Und wir tun etwas dafür. Und Unterschiede werden nicht aufhalten, nicht Bedenken, ob es sich lohnt oder nicht. Tun. Einfach tun. Nicht warten. Nicht zu lange warten.

Ich habe gerne um Segen für diese Dorfgemeinschaft, für das Dorf Meyhen gebetet. Und ich danke von Herzen allen, die das Fest vorbereitet haben, allen. Und es war für mich eine Ehre, dabei gewesen zu sein. Gottes Segen für Sie und Euch!

Herzlich,

Pfarrer Oliver Gebhardt

Abbildung 3 Pfarrer Oliver Geb-hardt

VORWORT DES HERAUSGEBERS

Meyhen: 51.2494°N 12.199°O auf einer mittleren Höhe von 131m über NN, Gemeindeschlüssel 14729270. Nüchtern betrachtet, fehlen noch die Anzahl der Einwohner (55, Stand Mitte September 2021), die Gemarkungsfläche (138 ha) und der Bodenrichtwert (lebensfremde 13 EUR/m²). Doch bereits bei der Einweihung des Gedenksteins am 21.September des Jahres 2021 zum 700-jährigen Jubiläum fand Pfarrer Gebhardt die richtigen Worte: „Die Mitte des Dorfes sind die Menschen".

Und so stehen für dieses und in diesem Buchwerk natürlich alle die Menschen im Vordergrund, die – beginnend weit zurück in einer vorchristianisierten Welt – bis heute die Weichen stellten und stellen. Für eine Besiedlung dieses kleinen Flecken Erde, bei der vor allen Dingen die Menschen wichtig sind.

In diesem Sinne versteht sich dieses Buch als fundierter Beitrag einer NEUEN lebenden Geschichte in und rund um die kleine Gemeinde Meyhen in Räpitz nahe der Stadt Markranstädt.

Klaus Bernhard Gablenz

Abbildung 4 Herausgeber Klaus B.Gablenz

VORBEMERKUNGEN

Niemals ist eine solche Chronik in der Lage, alle Sichtweisen, Kenntnisse und Empfindungen derer zu erfassen, die hier in der Chronik angesprochen werden. Die Chronik wurde so fachlich fundiert dies möglich war erstellt; fehlende Inhalte oder nicht korrelierende Sichtweisen sollten zur Diskussion anregen und bei künftigen Neuauflagen Gehör finden, nicht zur Diskreditierung derer, die an diesem Werk mitgearbeitet haben, genutzt werden.

So klein Meyhen auch ist: es war durch die Zeiten ein Spielball großer Mächte und großer Veränderungen. Eine Chronik isoliert nur auf die einzelnen Grundstücke und deren Veränderungen zu richten, wäre im gegebenen Fall nicht sachgerecht. Aus diesem Grunde erfolgt der geschichtliche Abriss in dieser Chronik immer im Zusammenhang größerer Begebenheiten im Umfeld von Meyhen oder Sachsen. Dies ermöglicht es vor allen Dingen auch ortsfremden Lesern, eine ausreichende Sachkompetenz beim Studium der Ausführungen zu erwerben, um das kleine Meyhen in der Weltgeschichte wiederzufinden.

Personenbezogene Daten wurden nur dann aufgenommen, wenn eine eindeutige schriftliche Zusage dazu vorlag. Dies gilt nicht für Personen der Zeitgeschichte aus Meyhen, die heute nicht mehr leben und deren Persönlichkeitsrechte durch die Namensnennung nicht beeinträchtigt werden.

700 Jahre Meyhen + - das Plus steht für den dynamischen Prozess der steten geschichtlichen Fortschreibung in der Gemeinde Meyhen. Der Kerninhalt des Buchs ist sicher eine große Überraschung. Dieses Buch ist der Beginn, aber nicht das Ende.

Abbildung 5 vermutlich älteste Grußkarte aus Meyhen, Quelle: Gerhard Eggers

MEYHEN IM MITTELALTER

von Markus Cottin

Vorbemerkungen

Bei der Beschäftigung mit der mittelalterlichen Geschichte Meyhens hat man sich der Problematik zu stellen, dass es einen gleichnamigen Ort südlich von Naumburg gibt und das benachbarte Meuchen theoretisch die selbe Ortsnamenentwicklung und damit ähnliche oder gleiche Belege aufweisen kann. Es darf vorausgeschickt werden, dass insbesondere die Zuweisung älterer Erwähnungen an Meyhen bzw. Meuchen in Standardwerken wie dem Historischen Ortsnamenbuch für Sachsen oder dem Historischen Ortsverzeichnis für Sachsen nur an wenigen Stellen gelungen ist. Schuld daran trägt ein weiteres forschungsgeschichtliches Problem: Seit 1815 waren Meyhen und Meuchen zwischen Sachsen und Preußen aufgeteilt, lagen also in verschiedenen Staaten. Noch heute ist dies spürbar, verläuft doch zwischen beiden Orten die Landesgrenze zwischen Sachsen und Sachsen-Anhalt. Diese Randlage führte auch zu einer Randlage in der Forschung und einer häufig eingeschränkten Sichtweise.

So schien der verdienstvolle Paul Fridolin Kehr bei der Edition der Merseburger Urkunden (bis 1357) Meyhen gar nicht zu kennen und wies alle Erwähnungen Meuchen zu. Dabei basierte seine Identifizierung auf den ebenfalls sehr verdienstvollen Forschungen Otto Küstermanns, der erstmals die Urkunden des Merseburger Domstiftsarchivs für eine grundlegende Geschichte des Hochstifts Merseburg ausgewertet hatte. Küstermanns Arbeit sowie Kehrs Edition wirken in den oben genannten Handbüchern bis heute nach. Bei der Erforschung der Geschichte Meyhens im Mittelalter muss man sich daher mit größter Vorsicht den verschiedenen Erwähnungen zuwenden und dabei Schritt für Schritt unter Heranziehung jüngerer Quellen Zuweisungen treffen. An dieser Stelle kann nur exemplarisch vorgeführt werden, wie dabei methodisch vorzugehen ist. Eine ausgebreitete Neubewertung aller Meuchen bzw. Meyhen zugewiesenen Erwähnungen ist hier nicht möglich. Vielmehr sollen nur Leitlinien aufgezeigt und die Entwicklung Meyhens im Mittelalter in die umgebende Landschaft eingeordnet werden.

Die kirchlichen Strukturen ermöglichen aufgrund ihrer Langlebigkeit und ihres Beharrungsvermögens häufig gesicherte Erkenntnisse aus der Rückschau, d.h. von gesicherten jüngeren Ortszuweisungen rückblickend auf ältere Urkunden und Belege. Dies gilt sowohl für die Kirchenstruktur als auch für die Verwaltung des Kirchenbesitzes. An letzteren kann bei der Betrachtung der Erwähnungen von Meyhen angeknüpft werden. Zunächst ist daher von jüngeren Quellen auszugehen, um gesicherte Belege für das mittelalterliche Meyhen zu gewinnen und diese auszuwerten.

Die Obödienz Meyhen – ein Wegweiser zur mittelalterlichen Überlieferung

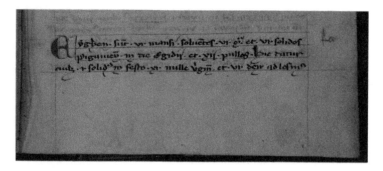

Abbildung 6 Die Obödienz Meyhen (Eyghen, Eygen) im Einkünfteverzeichnis des Merseburger Domkapitels 1320/30; Universitätsbibliothek Leipzig, Bibliotheca Albertina, Sondersammlungen, Rep. II 130, fol. 305r

Das Merseburger Domkapitel verwaltete seinen Besitz bis zum 19. Jahrhundert in Form sogenannter Obödienzen. In diesen Obödienzen waren Einnahmen aus verschiedenen Stiftungen und Schenkungen aus verschiedenen Zeiten räumlich zusammengefasst. Eine Obödienz war jeweils nach ihrem Hauptort benannt, von dem aus auch benachbarte Einkünfte in Form von Naturalien und Geld verwaltet werden konnten. Jede Obödienz war einem Domherren übertragen, der für die pünktliche Einhebung und Weiterreichung der Abgaben an andere Domherren, Vikare, Altaristen, Choralisten und die Dombaukasse (Fabrik) verantwortlich war. Die Überschüsse durfte er behalten. Von diesem Domkapitelsbesitz war noch der Besitz des Dompropstes, dem ersten Mann im Domkapitel, geschieden. Auch der Bischof von Merseburg hatte eigenen Besitz, das sogenannte Tafelgut, das sich aus unterschiedlichsten Rechten und Einkünften zusammensetzte. Die mittelalterliche Verwaltung dieser Güter durch alljährliche Einhebung und Weiterreichung der auf den

Gütern lastenden Einkünfte hatte bis zu den bürgerlichen Reformen des 19. Jahrhunderts Bestand. Im Merseburger Land sind die Abgaben seit 1850 abgelöst worden. So erlauben noch die Quellen des 19. Jahrhunderts Rückschlüsse auf mittelalterliche Zustände, da sich mit dem Vordringen der Geldwirtschaft die Zusammensetzung der Obödienzen seit dem 14. Jahrhundert kaum noch verändert hat. Bis zur Ablösung in der Mitte des 19. Jahrhunderts gab es eine „Obedientia Meyen", die ein Merseburger Domherr verwaltete. In der Summe kamen aus Meyhen von knapp 10 Hufen jährlich Einnahmen in Höhe von 15 Gulden, 19 Groschen und 2 Hühnern. Diese Angaben stimmen auffällig mit denen überein, die das Einkünfteverzeichnis des Domkapitels von 1320/30 wiedergibt.

Das Verzeichnis liegt in zwei nahezu identischen Handschriften in der Domstiftsbibliothek Merseburg (Cod. I, 128) und der Universitätsbibliothek Leipzig (Rep. II 130) vor. Die Merseburger Handschrift gehört zu den Kriegsverlusten der Bibliothek. Unter der mit „Eyghen" bzw. „Eygen" bezeichneten Obödienz werden ebenfalls 10 zinspflichtige Hufen aufgeführt, von denen verschiedene Geld- und Hühnerabgaben zu leisten waren. Ein direkter Vergleich mit den Abgaben aus dem 19. Jahrhundert fällt schwer, da im 14. Jahrhundert die Geldabgaben noch in Mark und Groschen angegeben wurden.

Dass sich die Zahl von 20 Hühnern (1320/30) auf zwei reduziert hatte, ist ein normaler Vorgang. Vielfach sind solche Naturalabgaben in Geldzinse umgewandelt worden. Die Zahl der Hufen und das Nebeneinander von Geld- und Hühnerabgaben lassen den sicheren Schluss zu, dass es sich um Meyhen handelt.

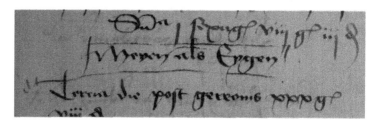

Abbildung 7 Eintragung zu Meyhen (Meyen alias Eygen) in der Obödienzenabrechnung Heinrich Medels von Goch; Domstiftsarchiv Merseburg, Obödienzenabrechnung Heinrich Medel von Goch, 1447/48, fol. 12r

Dies findet noch eine zusätzliche Stütze in den Obödienzenabrechnungen, die der Merseburger Domherr Heinrich Medel von Goch von 1447 bis 1452 führte. Auch hier werden stets die aus dem Einkünfteverzeichnis bekannten 10 Hufen erwähnt. Mehrfach nennt Heinrich Medel die Obödienz „Meyen alias Eygen" und verbindet damit die zu seiner Zeit gebräuchliche Ortsnamenform (mit anlautendem „M") mit der im Verzeichnis von 1320/30, das ihm sicherlich zur Orientierung über seine Einkünfte vorlag. Der Anlass zur Feier des 700jährigen Jubiläums ist die Identifizierung dieser Vermögensmasse des Domkapitels mit Meyhen (nicht wie früher mit Meuchen). Da das Einkünfteverzeichnis zuweilen zu 1321 datiert wird, ist das Jubiläum auf dieses Datum gelegt worden. Allerdings sind derartige Besitzaufzeichnungen zumeist undatiert und hatten eine lange Benutzungsdauer, so dass eine jahrgenaue Zuweisung schwierig ist. Diese „technischen" Überlegungen waren notwendig, um die Beschäftigung mit Meyhen im Mittelalter auf eine sichere Grundlage zu stellen, von der aus weitergearbeitet werden kann. Davon konnte Meuchen nicht unberührt bleiben.

Nach den vorgetragenen Befunden wird Meuchen erstmals sicher 1412 in einem Steuerregister des Merseburger Bischofs als „Michen" erwähnt. Unsicher ist, ob die adlige Familie, die sich lateinisch „de Proprio" (1198) und deutsch „de Eygene" (um

1300) nannte, zu Meyhen südlich Naumburg oder zu Meuchen zu stellen ist. Bislang ist erst die im 15. Jahrhundert auftretende Familie „von Michen" sicher auf Meuchen zu beziehen. Ein Zusammenhang des Ortsnamens Meuchen mit der Wurzel „Eigen", mit dem die Ortsnamenforschung ohnehin stets Probleme hatte, ist wohl zurückzuweisen. Diese Ortsnamenbedeutung, die auf den Eigenbesitz (also nicht Lehnsbesitz) einer Adelsfamilie verweist, ist nunmehr für Meyhen festzuhalten. Das anlautende „M" bei „Meyhen" geht offenbar auf eine vorangestellte Präposition zurück (zum Eigen), die im 14./15. Jahrhundert teilweise mit dem Namen verschmolz. Da Meyhen spätestens 1320/30 Domkapitelsbesitz war, ist späterhin zu fragen, was die Bezeichnung als „adliges Eigentum" motivierte. Dafür ist zeitlich weiter zurückzugehen und auch die umgebenden Orte in den Blick zu nehmen.

Meyhen im Mittelalter. Grundlinien und Überlegungen

Meyhen liegt in einer Landschaft, die bereits früh in das Licht der schriftlichen Überlieferung trat.

Das Gebiet östlich der Saale war unter den ottonischen Königen Heinrich I. und Otto I. stärker in das Reich einbezogen worden. Wichtigste Pfalz in diesem Raum war Merseburg, das mit der Gründung des Bistums 968 noch weitere Aufgaben, nämlich die Missionierung der vornehmlich slawischen Gebiete zwischen Saale und Mulde, erhielt. Auch wenn das Bistum seit 981 kurzzeitig aufgelöst war, so trat es mit seiner Neugründung 1004 unter König Heinrich II. wieder auf die kirchliche und politische Landkarte. Die Merseburger Bischöfe erhielten schon im ausgehenden 10. Jahrhundert umfangreiche Landschenkungen aus königlicher Hand, um gestützt auf die Dienste und Abgaben der abhängigen Bevölkerung ihre geistlichen Aufgaben zu versehen. So erhielt die Merseburger Bischofskirche 974 den Burgbezirk Zwenkau und einen angrenzenden Wald aus königlichem Besitz geschenkt. 993 werden die Burgwarde Schkölen, Treben und Keuschberg genannt, von denen Teile aus Königsbesitz verschenkt wurden. Burgwarde waren Burgbezirke: von einem befestigten Mittelpunkt aus, wurden die umliegenden Siedlungen weltlich und geistlich integriert. Dies bedeutete, dass an den Burgwardmittelpunkt Dienste und Abgaben zu leisten waren. Ferner besaß jeder Burgward eine Kirche, die für einen großen Sprengel zuständig war. Dabei handelte es sich in aller Regel um königliche oder bischöfliche Gründungen. So errichtete der Merseburger Bischof Wigbert (reg. 1004-1009) in seiner Amtszeit anstelle eines den Slawen heiligen Hains bei Schkeitbar eine dem Romanus geweihte Kirche. Materiell ausgestattet war diese mit den Einkünften aus einem ganzen Dorf, dem sogenannten Pfaffendorf, dessen Name also die Besitzverhältnisse (Pfaffe – Pfarrer) festhält. Zum Sprengel der Schkeitbarer Kirche gehörte auch Meyhen, was ein Bestehen des Ortes zu Beginn des 11. Jahrhunderts zumindest wahrscheinlich macht. Die Durchdringung der Landschaft durch die Merseburger Kirche zeigen aber auch weitere Nachrichten. Bischof Thietmar (reg. 1009-1018), der berühmte Chronist der Ottonenzeit, besaß in Eisdorf einen Hof, der Familienbesitz, also der Grafen von Walbeck, war. Thietmar weiß ferner zu berichten, dass die Siedlung auch den slawischen Namen Malacin führte. Slawische und deutschsprachige Siedler wohnten friedlich nebeneinander. Kulturell, rechtlich und sprachlich gab es einen intensiven Austausch bzw. ein Miteinander, das nicht nur zum Überleben vieler slawischer Ortsnamen führte, sondern auch zur Nutzung slawischer Wörter und Rechtsverhältnisse. Inwieweit es Widerstand gegen missionarische Maßnahmen wie bei der Gründung der

Schkeitbarer Kirche kam, wissen wir nicht. Immerhin war der heilige Hain der Slawen noch lange geduldet worden. Unmittelbar benachbart zu Meyhen liegen ferner die schon 1012 genannten Kaja und Bothfeld. (Groß-)Görschen wird schon zu 998 in der Chronik Thietmars von Merseburg erwähnt. Meyhen liegt also in einer Landschaft, die durch die Merseburger Missionsbemühungen und königliche Schenkungen früh in das Licht der schriftlichen Überlieferung tritt.

Zwar bleibt der Ort ohne eigene Erwähnung in dieser frühen Zeit, doch gibt wiederum das Einkünfteverzeichnis von 1320/30 einen Hinweis auf ein höheres Alter. Meyhen war nämlich nicht nur dem Domkapitel zinspflichtig (Obödienz), sondern unterstand ferner dem Merseburger Dompropst. Der entsprechende Passus des Verzeichnisses führt an, dass der jeweilige Senior (Älteste) des Ortes das „hospicium" für den Dompropst zu leisten habe. Dabei handelte es sich um einen alten Gebrauch, wonach der „Ortsvorsteher" dem Gerichtsherren das Gastrecht in seinem Haus einräumen musste, wenn dieser Gericht hielt. Die Bezeichnung „Senior" verweist zudem auf die Anwesenheit von Slawen im Ort – so wurde der slawische Supan (also der Ortsvorsteher) auf Lateinisch bezeichnet. Ganz ähnlich lagen die Verhältnisse im benachbarten Kaja.

Noch im 19. Jahrhundert hatte Meyhen neben Geldabgaben an den Dompropst Naturalabgaben in Form von Getreide und 33 Hühnern zu leisten. Umfangreiche Naturalabgaben weisen stets auf einer höheres Alter.

So sprechen viele Umstände für eine sehr frühe Entstehung Meyhens, ohne dass wir eine Vorstellung hätten, wie diese Siedlung aussah. Es dürften damals slawische Siedler beteiligt gewesen sein, deren Rechtsverhältnisse noch später erkennbar sind. Die Besitzungen des Merseburger Propstes waren in aller Regel aus den ältesten Schenkungen an die Merseburger Domkirche gebildet worden. Es ist schließlich noch darauf aufmerksam zu machen, dass der Besitz Meyhens durch die Merseburger Kirche mit dem Todestag Bischof Thietmars am 1. Dezember 1018 in Verbindung steht. Im ebenfalls 1320/30 angelegten Kalendar heißt es dazu, dass dieser Bischof den Ort Tundersleben (w. Magdeburg) geschenkt habe, der jedoch an das Kloster Berge bei Magdeburg weiterverkauft worden war. Stattdessen seien Güter in „Rytmarsdorf" (wohl verschrieben für Dietmarsdorf) und in „Eygen" gekauft worden. Zwar ist sicher, dass der Verkauf der einstigen Thietmarschen Stiftung Tundersleben 1233/34 erfolgte, doch lassen die Namen der anderen beiden Orte aufhorchen. Sollte es sich um einen nach Thietmar benannten Ort handeln und das dem Hof Eisdorf unmittelbar benachbarte Meyhen? So läge nahe, dass Thietmar, dessen Familie im 11. Jahrhundert ausstarb, die Güter noch selbst gestiftet hatte und dies im spät entstandenen Kalendar nicht mehr bekannt war. Zudem könnte dann der Ortsname „Meyhen" als „Eigen" der Grafen von Walbeck gedeutet werden. Dies bleibt aber spekulativ und gehört zu den Fragen, die einer eingehenden

Abbildung 9 Grabtumba Wiprechts von Groitzsch in der Pegauer Laurentiuskirche, um 1225; Vereinigte Domstifter, Bildarchiv Naumburg, Fotografin: Sarah Weiselowski

Untersuchung bedürfen. Wie umfangreich der Besitz der Grafen von Walbeck in diesem Raum war, zeigt sich aber daran, dass Bischof Thietmar den Domherren den Honig- und Schweinezehnten im Burgward Schkölen schenken konnte. Festzuhalten ist, dass allein die später erkennbaren Besitz- und Rechtsverhältnisse sowie die frühe Nennung der Orte im Umfeld eine Entstehung Meyhens im frühen 11. Jahrhundert wahrscheinlich machen. Diese Landschaft war bis ins 12. Jahrhundert hinein noch keineswegs aufgesiedelt, so erfahren wir, dass es bei den Schkorlopp-Orten noch 1097 Hufen gab, die zu roden waren, auch weist der Ortsname „Schkorlopp" auf Bewaldung hin. Im 11. Jahrhundert kamen zu den römisch-deutschen Königen sowie den Bischöfen von Merseburg noch weitere politische Gewalten wie die Markgrafen von Meißen mit ihrem Besitz rund um Leipzig. Im Zeitalter des Investiturstreits trat mit Wiprecht von Groitzsch ein Parteigänger Heinrichs IV. hervor, der zwischen Zeitz, Leipzig und Merseburg ein Herrschaftsgebiet aufbauen konnte, von

dem heute noch die Burganlage in Groitzsch sowie die Rundka-
pelle in Knautnaundorf künden.

In Pegau gründete Wiprecht 1096 ein Benediktinerkloster. Dieses hatte späterhin auch Besitz im hier interessierenden Raum.
Vielleicht war dieser Besitz wie es für Schkorlopp und Knautnaundorf nachgewiesen ist, durch Wiprecht von Groitzsch als
Gegengewicht zum Merseburger Gebiet an das Kloster Pegau
gelangt.

Die erste gesicherte Nachricht zu Meyhen verdanken wir einem
Verkauf von Gütern im Ort durch das Kloster Pegau. Im Jahre
1269 musste das Kloster schuldenhalber vier Hufen in Meyhen
an das Merseburger Domkapitel verkaufen. Die dabei genannten Einnahmen in Form von Pegauer Geld (das Kloster übte
selbst das Münzrecht aus) finden sich in gleicher Form im Einkünfteverzeichnis bei der Obödienz Meyhen wieder, so dass mit
Sicherheit davon auszugehen ist, dass der Kauf von 1269 auf
Meyhen zu beziehen ist. Bei dieser Gelegenheit wird von „Dorf
und Flur" Meyhen gesprochen, wobei die Zahl der verkauften
Hufen einer ebensolchen Zahl an Grundstücken im Dorf ent-
sprach. Dies weist auf den engen Zusammenhang zwischen Hof-
und Flurbesitz, wobei eine Hufe als Normalausstattung galt. Die
Inhaber der Höfe waren im Mittelalter in aller Regel freie Bauern, die von ihrem Grundbesitz Geld- und Naturalabgaben an
den Grundherrn zu entrichten hatten. Diese Abgaben stellten
keine Existenzbedrohung dar, waren sie doch oft nur ein Bruch-
teil der bäuerlichen Gesamteinnahmen. Dass die Bauern ihre
landwirtschaftlichen Produkte auf die nahegelegenen Märkte
brachten, belegt der Umstand, dass Geldabgaben fällig waren.
Dieses musste irgendwo verdient worden sein, eben durch den
Verkauf überschüssiger Produkte auf den städtischen Lebens-
mittelmärkten. Neben dem vorrangigen Getreideanbau (Korn

und Hafer werden als Abgaben in Meyhen genannt) gab es im 14. Jahrhundert in Meyhen mit einem Weinberg (vinea) auch eine Sonderkultur. Der Weinbau war im Mittelalter noch viel ausgebreiteter als heute und erlebte erst seit dem zweiten Viertel des 16. Jahrhunderts einen Rückgang. Der Meyhener Weinberg, von dem Einnahmen an den Dompropst gingen, bestand 1583 nicht mehr.

Abgesehen vom viel genannten Einkünfteverzeichnis von 1320/30 schweigen die Quellen zu Meyhen fortan weitgehend. Die hier genannten Abgaben von den 10 Meyhener Hufen gehen wohl sämtlich auf Schenkungen und Stiftungen zurück. Unter den Stiftern von Meyhener Gütern erscheint auch ein Heinrich von Hain, einer Familie, die aus Knauthain stammend, im 14. Jahrhundert in Kleinzschocher saß. Sie hatte u.a. Besitz in Rehbach und Miltitz, also ebenfalls in der Nachbarschaft von Meyhen. Nur vereinzelt leuchten die bunten grundherrlichen Verhältnisse, wie sie für das Mittelalter typisch sind, auf. Hingegen erweisen sich die geistlichen Grundherrschaften, also von Bischof, Dompropst und Domkapitel, mit ihrer ausgeprägten Schriftlichkeit als sehr gut belegt. So überliefert ein bischöfliches Steuerverzeichnis von 1434 die ersten Namen Meyhener Einwohner (Nickil Kokeritcz, Jorge Tuchen, Peter Merris, Dy Wedderyssyn, Ffrederich Roting). Es gab damals nur fünf hofbesitzende Personen, darunter eine verwitwete Frau, die wohl den Hof ihres verstorbenen Mannes bewirtschaftete. Angesichts der aus der Mitte des 16. Jahrhunderts bekannten Zahl von 14 Höfen dürfte eine große Zahl an Bauerngütern wüst gelegen haben. Im späten Mittelalter sind aus vielfältigen Ursachen (Preisverfall bei landwirtschaftlichen Produkten, hohe Löhne im städtischen Gewerbe, Klimaungunst, mangelnde Bodengüte) Orte teilweise oder völlig, zeitweilig oder dauerhaft (Ortswüstungen) wüst gewesen. Dies bedeutete vor allem für die Grundherren wie Dompropst und Domkapitel von Merseburg Einnahmeausfälle, die einschneidend waren und denen durch wirtschaftliche Maßnahmen begegnet werden musste. So erhielt der in Meyhen wohnende Balthasar Walchhausen von den Vikaren des Merseburger Domes 1448 eine Hufe im angrenzenden Räpitzer Feld. Für diese hatte er im ersten Jahr keinen Grundzins zu geben, dann wurden die Abgaben von Jahr zu Jahr bis auf 80 neue Groschen im fünften Jahr gesteigert. Offenbar hatte die Hufe zunächst wüst gelegen und warf so keine Erträge ab, so dass die nächsten Ernten abgewartet wurden, bis wieder Grundzins verlangt wurde. Balthasar Walchhausen begegnet auch in den Abrechnungen der Meyhener Obödienz, die der Domherr Heinrich Medel von 1447-52 führte. Diese gewähren einen breiten Einblick in die Meyhener Verhältnisse. So wird deutlich, dass insgesamt sieben Personen von zehn Hufen und zwei Häusern Zins gaben. Dies stellte schon eine Steigerung im Vergleich zu 1434 dar. Zinstermine waren Walpurgis (1. Mai) und Michaelis (29. September), also Tage, die auf die Erntezeit folgten. Der Name von „Peter Smed" lässt den Schluss zum dass es im Ort einen Schmied gab. Auffällig ist, dass etliche Personen mehr als die Normzahl von einer Hufe besaßen. Unter diesen Zinszahlern war Balthasar Walchhausen mit drei Hufen der vermögendste. Offenbar erlaubte die spätmittelalterliche Wüstungsperiode bei anziehender Agrarkonjunktur den Aufstieg derartiger „agrarischer Kleinunternehmer". Der Besitz von mehr als einer Hufe, im Falle Walchhausens von mindestens vier Hufen in Meyhener und Räpitzer Flur, ermöglichte eine umfangreiche Produktion für den Markt und damit entsprechende Geldeinnahmen. Es kann nicht überraschen, dass ein Vertreter der offenbar aus Lützen stammenden Familie Walchhausen zu den Lehnsmannen des Merseburger Bischofs gehörte. Neben Gütern in Lützen hatte dieser auch Lehnsbesitz in Meuchen, so dass sich in diesem Raum geradezu ein Besitzschwerpunkt aus Lehn- und

Erbgütern dieser spätmittelalterlichen Aufsteiger abzeichnet. Es lassen sich so am Beispiel Meyhens grundlegende Entwicklungen des Spätmittelalters wie durch ein Brennglas beobachten.

Abbildung 10 Dom und Schloss Merseburg von der Saale aus gesehen; Vereinigte Domstifter, Bildarchiv Merseburg, Fotograf: Friedhelm Wittchen

Neben der grundherrlichen Unterstellung unter das Merseburger Domkapitel und den Dompropst war Meyhen auch in anderer Hinsicht von Merseburg abhängig. Der weltliche Besitz der Merseburger Bischöfe, das sogenannte Hochstift, war in die vier Ämter Merseburg, Lauchstädt, Lützen und Schkeuditz eingeteilt.

Diese Ämter waren aus älteren Einheiten wie den Burgwarden sowie Gerichtsstühlen hervorgegangen.

Als der Merseburger Bischof 1277 den Gerichtsstuhl Eisdorf erwarb, wird als dessen Zubehör auch Meyhen (Eighen) genannt. Dieser Gerichtsstuhl wurde später in das Amt Lützen aufgenommen und verschmolz mit den älteren merseburgischen Besitzungen um Zwenkau. Der bischöfliche Amtmann in Lützen übte in den zugehörigen Dörfern die Obergerichtsbarkeit, d.h. bei Mordfällen aber auch bei Streitigkeiten, die blutende Wunden nach sich zogen, aus. Derartige Fälle hatte der jeweilige Meyhener Senior im Amt zu melden, damit die Täter verfolgt und zur Strafe gebracht werden konnten. Ferner war die gesamte Gemeinde gegenüber dem Amt zur jährlichen Zahlung eines geringen Geldbetrags (15 Groschen) für den sogenannten Heerwagen verpflichtet. Dieser konnte im Kriegsfalle, wenn der Bischof von seinen Lehnsmannen und den verpflichteten Einwohnern der Ämter die Kriegsfolge forderte, ausgestattet werden. Die Berührungspunkte zwischen Meyhen und dem Merseburger Bischof als Landes- und Gerichtsherrn sowie den Grundherren (Merseburger Domkapitel und Dompropst) waren somit gering und im Wesentlichen auf Abgaben beschränkt. Diese Beziehungen wurden nicht als drückend empfunden, vielmehr ermöglichten die Rechtsverhältnisse jederzeit einen freien Abzug aus dem Dorf.

Die bäuerliche Gemeinde regelte Fragen wie die innere Ordnung im Dorf, die gemeinsame Bestellung der Flur im Rahmen der Dreifelderwirtschaft sowie die Pflege der Dorfgräben selbst. Die sogenannte Erbgerichtsbarkeit stand dem Dompropst zu. Unter die Erbgerichte fielen Schuldsachen, Beleidigungen aber auch unblutige Wunden.

Diese geringfügigen Vergehen wurden, so gibt es das Einkünfteverzeichnis von 1320/30 zu erkennen, vor Ort durch den Dompropst entschieden. Der Senior hatte gegenüber dem Dompropst die Gastungspflicht (hospicium).

Im 16. Jahrhundert war eine gewisse Konzentration und rationale Organisation durchgeführt: der Dompropst hielt alljährlich einen Gerichtstag in Kaja ab, bei dem der Meyhener Richter zu erscheinen und die Erbgerichtsfälle zu rügen hatte. Dafür stand ihm eine Mahlzeit zu. Aus dem Senior des 14. Jahrhunderts war der Richter geworden, die einstige Gastungspflicht war im 16. Jahrhundert ersetzt durch die Verpflichtung des Richters nach Kaja zu reisen (wofür er eine Mahlzeit erhielt).

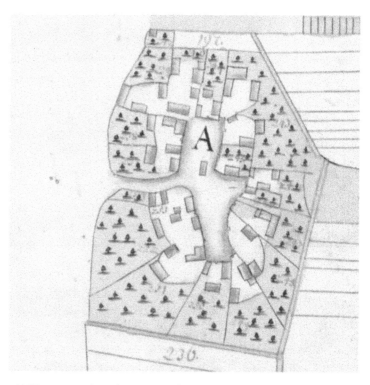

Abbildung 11 Dorfgrundriss von Meyhen im sog. Merseburger Kammeratlas, 1710-28 (Norden ist rechts); Landesarchiv Sachsen-Anhalt, Abteilung Magdeburg, Slg. 1, A Xa Nr. 1d Bd. 5, Bl. 13

Mit dem Blick auf die Gerichtsverhältnisse ist die Schwelle zur Frühen Neuzeit überschritten, aus der zahlreiche Quellenzeugnisse vorliegen. So wissen wir aus der Mitte des 16. Jahrhunderts sicher, dass der Ort über 14 Höfe verfügte, eine Zahl die sich bis heute kaum verändert hat. Das dörfliche Leben ließe sich mit den seit 1595 erhaltenen Gerichtsprotokollen der Dompropstei detailliert beschreiben.

Anliegen des vorliegenden Beitrags war es jedoch, die frühen Nennungen von Meyhen auf eine sichere Grundlage zu stellen.

Zeitlich rückschreitend waren von den frühneuzeitlichen Obödienzverzeichnissen Rückschlüsse auf das Einkünfteverzeichnis von 1320/30 und schließlich die urkundliche Überlieferung des 13. Jahrhunderts möglich. Dabei erwies sich, dass nahezu alle Erwähnungen in den merseburgischen Quellen Meyhen zuzuweisen sind. Die Hinweise auf eine Entstehung des Ortes im frühen 11. Jahrhundert müssen künftig noch intensiver unter die Lupe genommen werden. Ferner ist künftig zu untersuchen, ob sich bereits im 12. Jahrhundert eine Adelsfamilie nach Meuchen nannte (wo es im Gegensatz zu Meyhen einen Sattelhof gab) oder ob dafür das bei Naumburg gelegene Meyhen in Anspruch genommen werden muss. Hieran schließt sich die sprachgeschichtliche Frage, ob der Ortsname Meuchen ebenso wie Meyhen auf die Bezeichnung „Eigen" zurückgeht.

Für Meyhen steht die überraschende Erkenntnis, dass der Ort bereits 1269 erwähnt wurde. Über Jahrhunderte blieb der Ort unter der Verwaltung des Merseburger Domkapitels und der Dompröpste. Dabei scheinen an einigen Stellen mittelalterliche Abgaben, Bewohner des Ortes und die Gerichtsverwaltung auf. Weitere Quellenfunde, die Betrachtung der Orts- und Flurform sowie die genaue Untersuchung bekannter Quellen werden dieses Bild künftiger noch farbiger erscheinen lassen. Die nunmehr gesicherten Erwähnungen Meyhens sind im Anhang zusammengefasst.

Ortsnamenbelege

1269: Eigen (UB Merseburg, Nr. 345)

1270: Eygen (UB Merseburg, Nr. 367)

1277: Eighen (UB Merseburg, Nr. 428)

1320/30: Eygen, Eyghen (UB Merseburg, S. 1005, 1046, 1062)

1434: Meygen (Sächsisches Staatsarchiv - Hauptstaatsarchiv Dresden, 10005 Wittenberger Archiv, Loc. 4348/05, fol. 23r)

1447/48: Meyen, Meyen alias Eygen (Domstiftsarchiv Merseburg, Obödienzenabrechnung Heinrich Medel, 1447/48, fol. 7v, 12r)

1448: Meyen (Domstiftsarchiv Merseburg, Urkunde Nr. 525)

1477: Meygen (Landeshauptarchiv Sachsen-Anhalt, Standort Wernigerode, A 30a I, Nr. 411, fol. 38r)

1526: Meyen (Domstiftsbibliothek Merseburg, Cod. I, 119, fol. 167r)

1545: Meien (Landeshauptarchiv Sachsen-Anhalt, Standort Wernigerode, A 29c, XI Nr. 1, fol. 108v)

1562: Meien, Meichen, Meyen (Friedensburg, Kirchenvisitationen, S. 116, 171, 173)

1578: Meigen, Meyen (Friedensburg, Kirchenvisitationen, S. 340, 449)

1583: Meien (Domstiftsarchiv Merseburg, C III, Lit. R I, Nr. 18)

Gedruckte Quellen

- Robert Holtzmann, Die Chronik des Bischofs Thietmar von Merseburg und ihre Korveier Überarbeitung (Thietmari Merseburgensis episcopi Chronicon) (Monumenta Germaniae Historica, Nova series 9), Berlin 1935.
- Walter Friedensburg (Bearb.), Die Protokolle der Kirchenvisitationen im Stift Merseburg von 1562 und 1578 (Geschichtsquellen der Provinz Sachsen und des Freistaates Anhalt, Neue Reihe, Band 11), Magdeburg 1931 (Friedensburg, Kirchenvisitationen).
- Roger Wilmans (Hg.), Chronica episcoporum ecclesiae Merseburgensis, in: Monumenta Germaniae Historica, Scriptores 10, Hannover 1852, S. 157-212.
- Paul Fridolin Kehr (Bearb.), Urkundenbuch des Hochstifts Merseburg, Erster Theil (962-1357) (Geschichtsquellen der Provinz Sachsen und angrenzender Gebiete 36, 1), Halle (Saale) 1899 (UB Merseburg).

Ungedruckte Quellen

- Domstiftsarchiv Merseburg, Urkunde Nr. 525.
- ebd., Obödienzenabrechnung Heinrich Medel von Goch, 1447-1452.
- ebd., C III, Lit. R I, Nr. 18: Einkünfteverzeichnis der Merseburger Dompropstei, 1583
- ebd., C IV, Nr. 8 (olim: D II), Bl. 673r-716v (Zinsverzeichnis Domkapitel, 18./19. Jh.).
- ebd., C IV, Nr. 25 (olim: H), Bl. 223r-459v (Zinsverzeichnis Dompropstei, 18./19. Jh.).

- Sächsisches Staatsarchiv - Hauptstaatsarchiv Dresden, 10005 Wittenberger Archiv, Loc. 4348/03: Pflugbede des Merseburger Bischofs Nikolaus, 1412.
- ebd., 10005 Wittenberger Archiv, Loc. 4348/05: Steuerbuch des Merseburger Bischofs Johannes II. Bose, Amt Lützen, [1434].
- Landeshauptarchiv Sachsen-Anhalt, Standort Wernigerode, A 30a I, Nr. 411: Rezessbuch der Merseburger Bischöfe Thilo von Trotha, Adolph von Anhalt und Vinzenz von Schleinitz, 1466-1527.

Literatur

- Oskar August, Untersuchungen an Königshufenfluren bei Merseburg, in: Paul Grimm (Hrsg.), Varia archaeologica. Wilhelm Unverzagt zum 70. Geburtstag dargebracht (Deutsche Akademie der Wissenschaften zu Berlin, Schriften der Sektion für Vor- und Frühgeschichte 16), Berlin 1964, S. 375-394.
- Gerhard Billig, Die Burgwardorganisation im obersächsisch-meißnischen Raum (Veröffentlichungen des Landesmuseums für Vorgeschichte Dresden 20), Berlin 1989.
- Markus Cottin, Lisa Merkel (Hrsg.), Thietmars Welt. Ein Merseburger Bischof schreibt Geschichte. Ausstellungskatalog (Schriftenreihe der Vereinigten Domstifter zu Merseburg und Naumburg und des Kollegiatstifts Zeitz 11), Petersberg 2018.
- Ernst Eichler, Elisabeth Lea, Hans Walther, Die Ortsnamen des Kreises Leipzig (Deutsche-Slawische Forschungen zur Namenkunde und Siedlungsgeschichte 8), Halle (Saale) 1960.

- Ernst Eichler, Hans Walther, Untersuchungen zur Ortsnamenkunde und Sprach- und Siedlungsgeschichte des Gebietes zwischen Mittlerer Saale und Weißer Elster (Deutsch-Slawische Forschungen zur Namenkunde und Siedlungsgeschichte 35), Berlin 1984.
- Ernst Eichler, Hans Walther, Historisches Ortsnamenbuch von Sachsen, Band II: M-Z (Quellen und Forschungen zur sächsischen Geschichte 21), Berlin 2001.
- Ernst Eichler, Hans Walther, Alt-Leipzig und das Leipziger Land. Ein historisch-geographisches Namenbuch zur Frühzeit im Elster-Pleißen-Land im Rahmen der Sprach- und Siedlungsgeschichte (Onomastica Lipsiensia 7), Leipzig 2010.
- Festschrift 550 Jahre Meyhen, [Meyhen 1998].
- Historisches Ortsverzeichnis von Sachsen. Neuausgabe, 1. Halbband: A-M, 2. Halbband N-Z (Quellen und Materialien zur sächsischen Geschichte und Volkskunde 2), bearb. von Susanne Baudisch, Karlheinz Blaschke, Leipzig 2006.
- Manfred Kobuch, Ein unbekannter Feudalsitz Wiprechts von Groitzsch und die Anfänge von Knautnaundorf, in: Herbert Küas, Manfred Kobuch, Rundkapellen des Wiprecht von Groitzsch. Bauwerk und Geschichte (Veröffentlichungen des Landesmuseums für Vorgeschichte Dresden 15), Berlin 1977, S. 143-176.
- Otto Küstermann, Altgeographische und topographische Streifzüge durch das Hochstift Merseburg. Zweite Abteilung, in: Neue Mitteilungen aus dem Gebiete historisch-antiquarischer Forschungen 17 (1885), S. 339-497.
- Helmut Lippelt, Thietmar von Merseburg. Reichsbischof und Chronist (Mitteldeutsche Forschungen 72), Köln, Wien 1973.

- Heiner Lück, Die kursächsische Gerichtsverfassung 1423-1550 (Forschungen zur Deutschen Rechtsgeschichte 17), Köln, Weimar, Wien 1997.
- Armin Rudolph, Die Besiedlung des Gebietes um Merseburg und Leipzig im 10. und 11. Jahrhundert, in: Markus Cottin, Lisa Merkel (Hrsg.), Thietmars Welt. Ein Merseburger Bischof schreibt Geschichte. Ausstellungskatalog (Schriftenreihe der Vereinigten Domstifter zu Merseburg und Naumburg und des Kollegiatstifts Zeitz 11), Petersberg 2018, S. 211-215.
- Armin Rudolph, Markus Cottin, Das Merseburger Land vor 1000 Jahren, in: Markus Cottin, Václav Vok Filip, Holger Kunde (Hrsg.), 1000 Jahre Kaiserdom Merseburg. Ausstellungskatalog (Schriftenreihe der Vereinigten Domstifter zu Merseburg und Naumburg und des Kollegiatstifts Zeitz 9), Petersberg 2015, S. 122-137.
- Harald Schieckel, Herrschaftsbereich und Ministerialität der Markgrafen von Meißen im 12. und 13. Jahrhundert. Untersuchungen über Stand und Stammort der Zeugen markgräflicher Urkunden (Mitteldeutsche Forschungen Band 7), Köln, Graz 1956.
- Harald Schieckel, Ein Weißenfelser Zinsregister aus der Zeit um 1300, in: Blätter für deutsche Landesgeschichte 93 (1957), S. 176-192.
- Walter Schlesinger, Kirchengeschichte Sachsens im Mittelalter, I. Band: Von den Anfängen kirchlicher Verkündigung bis zum Ende des Investiturstreits (Mitteldeutsche Forschungen 27), Köln, Graz 1962.

Abbildung 12 Auszug aus "openstreetmap" – Gemeinde Meyhen

Meyhen ordnet man die Form eines „Angerdorfes"[1] zu. Anzunehmen ist aufgrund der Form des Dorfes, dass eine der

---

[1] Ein Angerdorf ist eine Dorfform, welche dadurch gekennzeichnet ist, dass die Häuser und Gehöfte des Dorfes planmäßig um einen zentralen Platz, den Anger (von ahd. angar = Weide oder Grasplatz), angelegt sind – wobei der Anger Gemeinbesitz der Dorfgemeinschaft ist. Die Vorderseiten der Gebäude stehen traufständig, Stallungen und Scheunen liegen an der Rückseite der Grundstücke und sind gegebenenfalls durch einen Wirtschaftsweg verbunden, der in

ältesten Siedlungsspuren auf eine slawische Anlage[2] zurückzuführen ist.

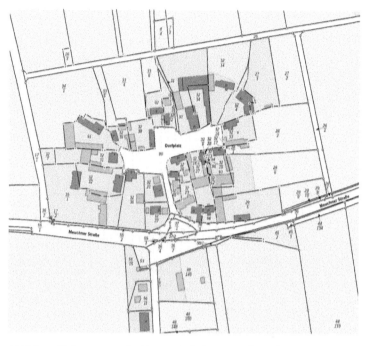

Abbildung 13 Auszug aus der Liegenschaftskarte, Quelle: online

Dafür spricht auch die Lage an einem Fernhandelsweg, der heute durch die Meuchener Straße (K 2189) überdeckt wird; bestimmte Merkmale weisen auf eine Siedlung ab dem Beginn des

---

einem äußeren Ring um das Dorf führt. Dies trifft auf Meyhen zu. Angerdörfer kommen in Mitteleuropa vor allem auf Grundmoränenplatten und in Lössgebieten vor, in Deutschland vor allem in Ost- und Ostmitteldeutschland.

[2] J. Schneeweiß, Zur Einführung: Slawische und sächsische Burgen des 8. bis 10. Jh.– Typen, Konstruktionsweise, Funktion. UND: Das Kastell hohbuoki und der Ort Schezla an der Elbe. In: R.-M. Weiss/A. Klammt (Hrsg.), Mythos Hammaburg (Hamburg 2014) 316-317; 346–356.

11. Jhd. hin. Zur Erinnerung: Die Stadt Leipzig entstand um das Jahr 900 ebenfalls durch eine slawische Siedlung entlang der Parthe[3]. Um 1015 lag bereits eine Stadt vor.[4]

Abbildung 14 Luftbild /Stand 09_2021 Quelle: Herausgeber

Eine uralte Straße führt von Westen durch die Saalefurt bei Dehlitz über Meyhen und Schkeitbar und verzweigt sich östlich davon in Richtung Knautnaundorf nach Leipzig. Nach einer Karte des Stifts Merseburg führte eine weitere Straße (die „Mittelstraße") über Starsiedel kommend, südlich an Meyhen vorbei nach Rehbach und weiter nach Leipzig. Schließlich kam eine

---

[3] Herbert Küas: Das alte Leipzig in archäologischer Sicht. VEB Deutscher Verlag der Wissenschaften, Berlin 1976.
[4] urbs Libzi (Stadt der Linden; sorbisch lipa = „Linde") aus Chronikon VII, 25

andere Straße von Lützen über Meyhen, kreuzte die Mittel-straße und führte weiter nach Zwenkau.

Man spricht bei der vorhandenen Anordnung des Dorfs Meyhen von einem Runddorf oder Rundling. Ein Rundling (auch Rund-dorf, Rundlingsdorf) ist eine dörfliche Siedlungsform, in welcher in der Frühzeit des Landesausbaus zu deutschem Recht eine überwiegend slawische Bevölkerung von einem örtlichen Grundherrn in einem geplanten Vorgang angesiedelt oder neu zusammengefasst wurde, wobei die Höfe keil- oder sektoren-förmig um einen runden oder ovalen Platz gruppiert sind, der bei der Anlage nur über einen Zugang verfügte.

Die Verbreitung des Rundlings beschränkt sich auf einen Strei-fen zwischen Ostsee und Erzgebirge, der in einer mittelalterli-chen Kontaktzone zwischen Deutschen und Slawen verläuft.

Bei der Gebäudeform gibt es kein typisches Rundlingshaus. In Rundlingen können grundsätzlich alle traditionellen dörflichen Hausformen angetroffen werden. Vorherrschend ist jedoch das Hallenhaus in Giebelstellung.

Aufgrund der Nähe zur Niederung findet sich bei der Anlage des Rundlings kein Dorfteich. Dieser wurde erst später errichtet. Auch Kirchen oder Kapellen sind für die Zeit der Anlage am Dorf-platz nicht belegt. Dies trifft auf Meyhen besonders zu.

Es gibt unter den gewachsenen und geplanten bäuerlichen Sied-lungsgebilden der europäischen Landschaften keine andere Dorfform, die eine derartige bauliche Geschlossenheit bietet. Die Ausrichtung aller Höfe mit dem Giebel der Hauptgebäude zum Dorfplatz hin ist ein baulich besonders charaktervoller Aus-druck dieses bäuerlichen Lebensraumes.

Über die Entstehungszeit der meisten Rundlinge ist wenig bekannt. Die ältesten Rundlinge finden sich namentlich bereits in Urkunden des 9. Jahrhunderts im Ilmenaugebiet des Landkreises Uelzen erwähnt, also an der damaligen Westgrenze des slawischen Siedlungsgebietes. Im Wendland stammen die ersten Erwähnungen aus dem 11. und 12. Jahrhundert. Ob zu diesem Zeitpunkt bereits eine Rundlingsform ausgebildet war, ergibt sich aus den Urkundentexten nicht, ebenso wenig die genaue Siedlungsstelle. Großflächig erfolgt die erstmalige urkundliche Nennung von Rundlingen dann im 14. Jahrhundert, teilweise auch mit Hinweisen auf die Anlage in runder Form. Allgemein wird heute von einer Entstehung etwa ab dem Jahr 1150 ausgegangen.

Die besondere Form der Dörfer hat seit Mitte des 19. Jahrhunderts zu verschiedenen Thesen über deren Entstehung geführt, deren wissenschaftliche Diskussion noch nicht abgeschlossen ist.

Zunächst herrschte die Auffassung vor, der Rundling sei eine Siedlungsform der germanischen Frühzeit. Das erwies sich als eben so wenig stichhaltig wie die Annahme, es handele sich um eine genuin slawische Siedlungsform. Nicht belegbar war auch die Annahme, es handele sich um eine innovative Siedlungsform der fränkischen Staatskolonisation des 9. Jahrhunderts.

Aufgrund der Ergebnisse der Toponomastik[5], der Siedlungsforschung, der Archäologie und der Namensforschung besteht

---

[5] Die Toponomastik, auch Toponymie oder Toponymik (deutsch Ortsnamenkunde oder Ortsnamenforschung), beschäftigt sich als Teilgebiet der allgemeinen Namenforschung und der Sprachgeographie mit allen Toponymen, also Örtlichkeitsnamen oder auch Ortsnamen im allgemeinen Sinne des Wortes.

heute im Wesentlichen Einigkeit, dass der Rundling eine geplant angelegte Siedlungsform aus der Frühzeit des hochmittelalterlichen Landesausbaus ist. Weiter besteht Einigkeit, dass es sich bei den Bewohnern überwiegend um Slawen gehandelt hat.

Umstritten ist, ob diese sich autonom, etwa in Ansehung der von deutschen Siedlern geübten Wirtschaftsweise, oder erst auf Veranlassung lokaler Grundherren zu dörflichen Gemeinschaften nach deutschem Recht zusammengeschlossen haben oder wurden. Die herrschende Meinung tendiert klar zur letzteren Ansicht. Danach sind die Rundlinge unter sächsischer Herrschaft von Polaben angelegt worden, die ihre Siedlungen in den benachbarten Niederungen von Elbe und Jeetzel aufgrund steigender Wasserstände verlassen mussten. Demgegenüber hat sich die Vermutung einer Zwangsansiedlung kriegsgefangener Slawen durch die sächsischen Grafen nicht bestätigt.

Gänzlich ungeklärt ist nach wie vor der Zweck einer Ansiedlung in Rundform. Weder der Wehr- oder Kultplatzgedanke noch die Einordnung als Viehkral konnten bislang belegt werden. Auch die Ansprache als Modeerscheinung wird verworfen, weil die Anlageform aufgrund ihrer Endlichkeit ineffektiv ist. Anhand der Grabungsergebnisse von Dessau-Mosigkau und der Siedlung am Machnower Krummen Fenn wurde deshalb immer wieder diskutiert, ob der Rundling nicht doch auf den formenmäßigen Vorläufer eines slawischen Rundweilers zurückzuführen ist und vom Grundherrn zugestanden wurde.[6]

➤   [6] Herbert Röhrig: Rettung von Rundlingen im Hannoverschen Wendland, mit der Beilage von Ernst Preising: Die Landschaft des Wendlandes und ihre Besonderheiten, aus: „Niedersachsen". Zeitschrift für Heimat und Kultur. 1969, Heft 4, Lax, Hildesheim 1969.
➤   Rundlinge und Slawen, Beiträge zur Rundlingsforschung, Hrsg.: Wolfgang Jürries, Lüchow 2004, ISBN 3-9806364-0-2.

Im Ergebnis wird deshalb heute davon ausgegangen, dass der Rundling infolge seines fast durchgängig slawischen Ortsnamens, der slawischen Herkunft des Namens der überwiegenden Zahl seiner Bewohner in den Namenslisten des 15. Jahrhunderts, des Fehlens slawischer Keramik aus Fundstellen in Rundlingen, der im Wendland noch bis ins 17. Jahrhundert gesprochenen polabischen Sprache und der Ausbildung einer auf Getreideproduktion ausgerichteten Flur um eine Siedlungsart handelt, die ab 1100 von örtlichen Grundherren zur Intensivierung der für sie lukrativen Getreideproduktion durch Zusammenfassung der zuvor in den Niederungen siedelnden slawischen Bewohner entstanden ist.

In Sachsen gilt der slawische Rundling zur Unterscheidung zum länglichen Angerdorf fränkisch-sächsischer Besiedlung. Ähnliche Siedlungen finden sich u.a.:

- Am Kreis (Alt-Radebeul) im Landkreis Meißen

- Altzitzschewig (Zitzschewig) im Landkreis Meißen

- Mehren (Käbschütztal) im Landkreis Meißen

- Bonnewitz in Pirna

➢ Wolfgang Meibeyer: Rundlinge und andere Dörfer im Wendland. Weddel, 2005, ISBN 3-9810610-0-4.
➢ Wolfgang Meibeyer: Rundlinge. Wendland-Lexikon, Band 2, Lüchow 2008, ISBN 978-3-926322-45-6, Seite 306–312.
➢ Rundlinge im Hannoverschen Wendland vom Verein zur Erhaltung von Rundlingen im Hannoverschen Wendland e. V.
➢ Die Rundlinge im Wendland vom Rundlingsverein – Verein zur Förderung des Wendlandhofes Lübeln und der Rundlinge e. V., 2014.
➢ Siedlungslandschaft Rundlinge im Wendland. Der Weg zum Welterbeantrag. In der Reihe Arbeitshefte für Denkmalpflege in Niedersachsen 50, Hrsg.: Niedersächsisches Landesamt für Denkmalpflege, Michael Imhof Verlag, 2018.

- Altmickten und Altcoschütz, heute zu Dresden

- Mühlrose, Ortsteil der Gemeinde Trebendorf im Landkreis Görlitz

- die Ortsteile Sürßen, Borthen, Burgstädtel, Gorknitz und Bosewitz in der Dohnaer Ortschaft Röhrsdorf (Dohna)

- die Ortsteile Daube, Doberzeit und Uttewalde von Lohmen

- der Ortsteil Seegel von Kitzen (Pegau) ganz in der Nähe von Meyhen

DER GEDENKSTEIN ZUR 700 JAHR FEIER

Zur 700 Jahr Feier stiftete Arnd Steyer der Dorfgemeinde einen Gedenkstein.

Der Stein

Abbildung 15 Der Gedenkstein zur 700 Jahrfeier

Die Andacht zur Steinweihe

700 Jahre Meyhen:

Segensbitte am Denkmal für die Dorfgemeinschaft (am 11. September 2021). Von Pfarrer Oliver Gebhardt:

(Musikstück: Kantorin Christine Heydenreich und Roland Rost.)
...

Liebe Festgemeinde!

Einfach machen! Ich finde es toll, was Sie auf die Beine stellen!

Unsere Kantorin (Kirchenmusikerin auch für Schkeitbar) Christine Heydenreich und ich wissen, als Glieder der Kirche, wie es ist, wenn es Bedenken gibt: Können wir etwas tun? Schaffen wir es? Das kennen wir von unseren Ebenen, mittleren und anderen, und von uns. Manchmal muss es so sein: Einfach machen! Solch ein Fest zum Beispiel und das Feiern der Dorfgemeinschaft. Es geht um die Menschen an ihrem Ort. Einfach machen. Danke!

Danke für die Einladung! Sie hat mich erreicht, durch den freundlichen Anruf von Herrn Klaus Gablenz, knapp vier Wochen, nachdem ich aus dem Urlaub zurückgekehrt bin. In diesem Urlaub, in den Tiroler Alpen, habe ich etwas gefunden, was für mich auch auf unserer Ebene hier in Meyhen gilt. Es gab für meine Familie und mich so viel Wunderbares: von den Wanderungen bis zu den Ziegenglocken, von den Vesperbrettern (österreichisch: „Brettljause") bis zu den Ausblicken auf die Gipfel und ins Ötztal – und neben so vielem anderen noch etwas, was ich für mich herausgefunden habe. Die Dorfmitte sind immer die Menschen.

Die Dorfmitte sind immer die Menschen. Zur Mitte bin ich in den drei Wochen stets zurückgekehrt. Es war, wenn wir Wanderungen geschafft hatten und neue Abzeichen bekamen, und das sehr Schöne dabei war: einfach den warmen Klang in der Stimme der lächelnden Frau im Tourismusbüro zu vernehmen. Die Dorfmitte sind immer die Menschen.

Es war, wenn ich von einer Sportstunde neben dem Trampolin oben auf der Anhöhe zurückgekommen bin und mir jemand zugewinkt hat, der auch schon mal oben gewesen ist. Die Dorfmitte sind immer die Menschen.

In der Dorfmitte, in der Nähe, wo wir Urlaub machten, stand auch eine Kirche. Aber dieses Gebäude selbst hat mir nicht viel gesagt. Außerdem hatte ich als Pfarrer Urlaub... Aber als ich Kinder, alle mit einem Eis in der Hand (wie ich), neugierig vor einem schönen, bunten Plakat stehen sah – und als ich die Kinder neugierig auf den ungewöhnlichen Kirchturm zeigen sah: da war die Dorfmitte auch hier, wieder: die Menschen. Und als ich, morgens auf dem Weg zum Bäcker (als Frühaufsteher sehr zeitig), die ersten (bestimmt nicht unbedingt die ersten) Wandernden aus dem Bus aussteigen sah, bereit, die „Hohe Mut" oder andere Berge zu erklimmen: Da freute ich mich besonders auf die Erwartung und die Vorfreude dieser Wanderungsbereiten. Da konnte ich selber gelöst in den weiteren Tag stapfen. Am späten Nachmittag würde ich vielleicht manche von ihnen in der Mitte des Dorfes wiedersehen (bestimmt erschöpft und glücklich). Die Dorfmitte sind immer die Menschen.

Sie haben mich heute um die Bitte um Segen, um Kraft und Geleit, auch Gottes, gebeten – an diesem Gedenkstein. „700 Jahre

Meyhen. Die Dorfgemeinschaft", steht da schlicht, lese ich. Es soll eine „Einweihung" sein. Als evangelischer Pfarrer zucke ich zurück, weil Evangelische nicht Dinge weihen, also – Gott anvertrauen, dass etwas Neues ist. Ich habe nicht zurückgezuckt, als Sie, sehr geehrter Herr Gablenz, mich angerufen und wir miteinander gesprochen haben. Und unsere Kantorin Christine Heydenreich und Roland Rost aus Schkölen, die beide diese Gedenkfeier musikalisch untermalen, und ich als Gemeindepfarrer Oliver Gebhardt sind gekommen, in viel Vertrauen von Menschen. Menschen vertrauen Gott – und den Menschen allen hier – ja nicht einen Stein an. Es ist kein „Götze", etwas, was von sich aus schon einen höheren Glanz verliehen bekommt. Wir vertrauen Gott – und Ihnen, Euch – die Dorfgemeinschaft an. Für Sie bitten wir gemeinsam um Kraft und Geleit, auch Gott. Und das tue ich sehr gerne mit Euch zusammen. Ich tue das in der Hochachtung vor Ihnen, dem Dorf Meyhen, dass für Sie solch ein Stein etwas Lebendiges zeigen kann.

Die Dorfmitte sind immer die Menschen.

Dieser Gedenkstein ist lebendig, weil er daran erinnert: 700 Jahre. Es waren Menschen, einfach als Menschen, vor Euch da, mit ihrem Leben hier, mit ihrer Liebe und mit ihren Mühen, mit ihrer Arbeit und mit ihren Hoffnungen, mit ihrem Scheitern und mit ihrem Liebenswerten, Menschen – deren Vergangenheit Sie, durch diesen Gedenkstein hier, nicht einfach wegwerfen wollen. Die Früheren leben in der Erinnerung mit. – Es sind Menschen, wie Sie, die durch die Erinnerung zeigen: Es haben Menschen in ihren Häusern und auf ihren Feldern gelebt, es war nicht einfach nur eine Ansammlung von Gebäuden, Steinen und Vergänglichem.

Die Dorfmitte sind immer die Menschen.

Sie zeigen, durch diesen Gedenkstein, und dass es dieses Fest gibt, für mich auch: Sie möchten nicht, dass Ihr, unser Dorf nur eine Ansammlung von Gebäuden, Steinen und Flächen ist – wie es diese Ansammlung überall geben kann. Es ist Ihr, es ist Euer Ort. Leben hier. Ganz das eigene. Ganz privat. Und als Dorfgemeinschaft. Für diese, für Euch, bitten wir um Kraft und Geleit, auch Gott, um Schutz. – Diese Dorfgemeinschaft entsteht neu: immer dann, wo Menschen aufeinander zugehen, wo, auch im ganz Kleinen, andere wahrgenommen werden. Die Dorfgemeinschaft entsteht neu, und sie bleibt, wenn Menschen sich einladen, und sei es im Kleinen zu einem Gespräch, zu einer Tasse Kaffee, zu einer Limo oder zu einem Bier. Die Dorfgemeinschaft lebt da, wo gemeinsam Platz genommen wird.

Die Dorfmitte sind immer die Menschen.

Danke, dass Sie sich dafür einsetzen! Ich glaube, dass unser Land friedlicher wäre, wenn Menschen sich an noch mehr Orten treffen würden, wenn sie nicht nur jammern und klagen (über Fremde, über die Zeiten, über das „Schicksal"), dass es nicht „wie früher ist" (wie es auch immer war). Ich glaube, dass unser Land friedlicher werden kann, wenn es an vielen kleinen Orten Menschen wie Sie gibt, die nicht nur von „Gemeinsam" reden, sondern auch Zeichen für ihn setzen. Einen Gedenkstein. Einen Erinnerungspunkt. Ein Ausrufezeichen: Es gibt die Dorfgemeinschaft. Es kann sie geben. Es gibt doch so viel zu danken! Diese Welt (woran der 11. September erinnert) ist in vielem schrecklich; und diese Welt ist in so vielem wunderschön! Ich danke Gott dafür, weil ich darauf vertraue, dass er Leben schenkt. Ich sehe, dass es Zukunft gibt. Ich hoffe (auch durch Euren Einsatz ermuntert) zum Beispiel auf die: Zukunft Dorf.

Danke für Ihre und Eure Aufmerksamkeit – und für diese Einladung!

64

(Musikstück: Kantorin Christine Heydenreich und Roland Rost.)

...

Lasst uns für eine Gedenkminute innehalten...

... im je eigenen Gedenken. Was dieses Dorf für Euch bedeutet. Vielleicht auch, was die schönste Erinnerung ist. Vielleicht auch, welche Menschen Sie mit „Meyhen" verbinden, auch frühere. Vielleicht auch, was Sie sich erhoffen, und was Ihnen möglich wäre, Kleines beizutragen: dass es Dorfgemeinschaft weiter und neu gibt. Lasst uns für eine Minute innehalten, in Dank, Klage oder Bitte, vor Menschen und vor Gott.

...

(Musikstück: Kantorin Christine Heydenreich und Roland Rost.)

Es segne und behüte dich und Euch, hier in Meyhen, in der Erinnerung, dass diese Welt eine doch wunderbare geschenkte Welt ist, gerade im Kleinen, der lebendige Gott:

Der Herr segne dich und behüte dich.

Der Herr lasse sein Angesicht leuchten über dir und sei dir gnädig.

Der Herr hebe sein Angesicht über dich und gebe dir Frieden.

Amen.

Frohe Feststunden! Viel Vorfreude auch auf die 1000-Jahr-Feier!

(Musikstück: Kantorin Christine Heydenreich und Roland Rost.)

FRÜHE GESCHICHTE

von Jonathan Gablenz

Geologische Formung

Meyhen liegt in der Leipziger Tieflandbucht, für dessen Entstehung man tief in die Geschichte der Erde zurückblicken muss, um diese zu verstehen.

Vor 650 bis 530 Millionen Jahren entstand der Großkontinent Gondwana. An dessen Nord- und dem Ostrand von Baltica bildete sich vor etwa 570 Millionen Jahren ein Inselbogen vulkanischen Ursprungs (zu vergleichen mit dem heutigen Hawaii). In dem Barckarc-Becken des Inselbogens lagerten sich durch ständige Ausbrüche der Vulkane Sedimente ab.

Vor 540 Millionen Jahren kam es schließlich zu einer Kollision des Inselbogens mit dem gondwanischem Festland. Hierbei wurde das Barckarc-Becken zusammengeschoben und aufgetürmt.

Dieser Gebirgsbildungsprozess im Übergang vom Erdzeitalter Ediacarium und dem Kambrium nennt man auch die Cadomische Orogenese[7].

---

[7] Orogonese bedeutet Gebirgsbildung

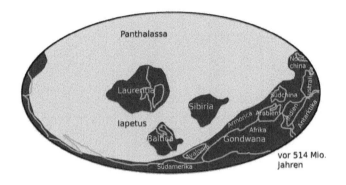

Abbildung 16 Erdzeitalter vor 514 Mio. Jahren

Vor etwa 460 Millionen Jahren kam es während der Kollision von Gondwana und Laurasia zu einer weiteren Gebirgsbildung: die Variszische Orogenese. Die Gesteine des cadomischen Gebirges (Grauwacken und vulkanische Sedimente) wurden bei der Kollision durch enormen Druck metamorphosiert (umgewandelt) und es entstanden noch heute die im Erzgebirge zu findenden Gneise. Die ozeanischen Sedimente, die sich zwischen der Cadomischen Orogenese und der Variszischen Orogenese in dem Meer zwischen Gondwana und Laurasia abgelagert haben, wurden zu ebenfalls heute noch zu findenden Glimmerschiefer oder Phyllit gewandelt. Es entstand das Erzgebirge.

Dies prägte kleinere Gebirgsbildungsprozesse, Vulkanismus und plattentektonische Kräfte. Gerade die Alpidische Orogenese (Bildung der Alpen) im Übergang vom Mesozoikum ins Känozoikum vor rund 80 Millionen Jahren wirkte sich auf das Erzgebirge stark tektonisch aus. Es kam zu einer Hebung des Komplexes. Dies war die Ursache für die Bildung der Leipziger Tieflandbucht. Als Gegenwirkung der Hebung, senkte sich das Land zu Füßen des Erzgebirges ab.

Darauf folgte eine Ablagerung von Sedimentmengen, die die Gesteine aus dem Paläozoikum überlagerten. Diese entstanden im Paläogen und Neogen (älteste und mittlere Periode des Känozoikums (65 - 2,6 Millionen Jahre)) und im Quartiär (jüngste Periode des Känozoikums (2,6 Millionen Jahre - heute)). Im Paläogen und Neogen bildete sich durch tektonische Verschiebung des Erzgebirges ein Binnengewässer namens Weißelsterbecken, durch das marine Sedimente entstehen konnten.

Die Sedimente, die die Steine des Paläozoikums überlagert haben und heute den nahen Untergrund der Leipziger Tieflandbucht ausmachen, sind Fluss-und Gewässerablagerungen wie Kies, Sand und Ton.

Zwischen den oben genannten mechanischen Sedimentablagerungen sammelten sich durch Küstensümpfe, die damals eine große Fläche des dortigen Landes bedeckten, eine große Menge an biogenen Sedimente. Dadurch entstand Torf und schließlich nach der Inkohlung mächtige Braunkohleflöze, die durch den Braukohlenabbau das Land Leipzig geprägt haben.

Im Quartiär bildeten sich dann darüber Sedimentschichten, die 10 bis 15 Meter mächtig sind und große Teile Deutschlands bedecken.

Doch die Leipziger Tieflandbucht ist auch eine Altmoränenlandschaft. In der letzten Eiszeit des känozoischen Zeitalters, der Weichsel-Eiszeit (115.000 - 11.600 Jahren), erstreckte sich in der Hochglazialen Phase der skandinavische Eispanzer bis nach Nord- und Nordostdeutschland.

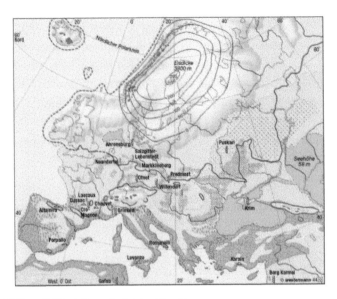

Abbildung 17 Verteilung der letzten Eiszeit

Danach blieben Kältewüsten und Tundren zurück. Hierbei kam es zu einer großen Abtragung des Grundgesteins, welches in dieser Zeit gerade durch die Abtragung (Denudation) blank oder fast blank lag.

Dies bildeten die perfekten Bedingungen für die Entstehung einer Altmoränenlandschaft. Glaziale Formen wie Seen, die durch tiefe Gletscherschrammen entstanden sind, sowie Toteiskessel, sind selten oder existieren gar nicht mehr. Durch die enorme Abtragung entstand eine flache Landschaft ohne große Erhebungen.

Auf die Entstehung der Altmoränenlandschaft folgten schließlich bis heute Ablagerungen von Flüssen, Seen und Waldlandschaften. Es folgten in jüngster Erdgeschichte die Landwirtschaft und vom Menschen geprägte Boden- oder Seenbildung durch den Braunkohleabbau.

Frühe Besiedlungsgeschichte

Die erste Siedlung

Im heutigen Gebiet zwischen der Elbe, Trave und der Oder herrschte Jahrtausende lang Wildnis. Funde vorchristlicher Zeit sind in Meyhen nur unzureichend belegt. Frühe ortsansässige menschliche Gemeinschaften verfügten nur über sprachliche Überlieferungen und hinterließen in diesem Bereich keine schriftlichen Zeugnisse.

Im Neolithikum (Jungsteinzeit) und in der Bronzezeit wurden vor allem die großen Auen der Flüsse und deren Nebenflüsse besiedelt. Sie wurden in der Regel flussaufwärts zur Ansiedlung genutzt. Das Sächsische Hügelland war wegen der Bodenverhältnisse offenes Siedlungsland (etwa ein, nach Westen allerdings nicht abgegrenztes, Gebiet zwischen den heutigen Städten Leipzig, Riesa, Großenhain, Bautzen, Meißen, Döbeln, Rochlitz, Geithain). Gleichrangige Siedlungsgebiete waren die Lausitzen, die von jeher intensive Verbindungen zur Oderlandschaft hatten.

Die erste jungsteinzeitliche Besiedlung erfolgte durch die Träger der Linearbandkeramischen Kultur (LBK)[8] um 5500 v. Chr. aus

---

[8] Die Linearbandkeramische Kultur, auch Linienbandkeramische Kultur oder Bandkeramische Kultur, Fachkürzel LBK, ist die älteste bäuerliche Kultur der Jungsteinzeit Mitteleuropas (fachsprachlich "Neolithikum") mit permanenten Siedlungen. Die mit dieser Kultur bedingten Änderungen werden daher als 'Neolithisierung' oder auch als "Neolithische Revolution" bezeichnet. Die LBK fällt in das Frühneolithikum.

Die Träger der Linearbandkeramischen Kultur brachten eine Vielzahl technisch-instrumenteller und wirtschaftlicher Neuerungen mit, so die Keramikproduktion, verbesserte Werkzeug- und Arbeitsmittelherstellung,

Böhmen. Dorfanlagen der LBK sind beispielsweise aus Eythra bekannt. Die Ergebnisse dort reichen bis in die Jungsteinzeit. Zwischen 1993 und 2003 wurde die größte zusammenhängende Siedlung aus der Zeit der Linearband- und der Stichbandkeramik (5500–4500 v. Chr.) in Mitteleuropa aufgedeckt. Pfostenlöcher und Siedlungsgruben konnten rund 300 Häusern zugeordnet werden. So lässt sich an dem bis zu 1000 Jahre besiedelten Fundplatz Eythra die Entwicklung des Hausbaus von der Linien- zur Stichbandkeramik belegen. Aus Graben- und Palisadenwerken konnten rund 120.000 Scherben und 8000 Silices (Feuersteinteile) sowie aus zwei bis zu fünf Meter tiefen hölzernen Brunnen auch Behälter aus organischem Material geborgen werden.

Aus der nachfolgenden stichbandkeramischen Kultur 4800 bis 4600 v. Chr. stammen die Erdwerke von Dresden-Nickern. Eine dieser Anlagen hatte ca. 150 m im Durchmesser und bestand aus Gräben, Erdwällen und Palisaden. Vereinfacht für die Zeit ca. 4000–500 v. Chr.: Nach der Trichterbecherkultur entstand in der Bronzezeit aus der Schnurkeramik- und der Glockenbecherkultur die Aunjetitzer Kultur. Ihr folgte die Lausitzer Kultur.

Sesshaftigkeit, Ackerbau und Viehzucht, Haus- und Brunnenbau sowie den Bau von Grabenwerken. Es war eine Zeitspanne des wirtschaftlichen Wandels von einer aneignenden, extraktiven Wirtschaftsform zu einer nahrungsproduzierenden Wirtschaftsweise, die mit dem Aufkommen immobilen Besitzes und der Vorratshaltung für die Gruppenmitglieder einherging.

Die Bezeichnung „Bandkeramik" führte 1883 der Historiker Friedrich Klopfleisch in die wissenschaftliche Diskussion ein, abgeleitet von der charakteristischen Verzierung der keramischen Gefäße, die ein Bandmuster aus eckigen, spiral- oder wellenförmigen Linien aufweisen.

Funde im Vogtland, bei Teplice und Halle lassen auch ein keltisches Vordringen auf das Gebiet des heutigen Sachsen als wahrscheinlich erscheinen.

Sprachwissenschaftler sehen in dem Namen von „Meyhen" eine Anleihung von keltisch „Magina" zu „magos" = Ebene; wenn dies so wäre, müsste es einen Aufenthalt der Kelten etwa im 4./3. Jahrhundert v. Chr. gegeben haben; dies ist durch Funde oder Belege aber bislang nicht nachweisbar.

Greifbar wird die Geschichte von Meyhen deshalb erst mit den Siedlungsbestrebungen der Römer im Bereich der Germanenstämme.

Die Römer förderten die schriftliche Dokumentation ihrer Umgebung, die uns bis heute in Teilen erhalten blieb.

Mit Julius Cäsar drangen die Römer erstmals im Jahre 55 v.Chr. auf das germanische Territorium vor.

Abbildung 18 Germania magna, Quelle: Wikipedia

Abbildung 19 Germania magna aus dem frühen 2.Jhd. n. Chr.

In der vorstehenden Germania magna von Claudius Ptolemäus[9], hier in der Fassung der Karte von Alexander George Findlay aus

---

[9] Claudius Ptolemäus (um 100, möglicherweise in Ptolemais Hermeiou, Ägypten; † nach 160, vermutlich in Alexandria) war ein griechischer Mathematiker, Geograph, Astronom, Astrologe, Musiktheoretiker und Philosoph. Er lebte in Alexandria in der römischen Provinz Ägypten. Insbesondere seine drei Werke zur Astronomie, Geografie und Astrologie galten in Europa bis zur frühen Neuzeit als wissenschaftliche Standardwerke und wichtige Datensammlungen.

Das geographische Werk hatte 561/62 noch Cassiodor in der Hand, doch erst mit der lateinischen Übersetzung einer Abschrift aus Konstantinopel, die in Florenz ab 1397 erfolgte, wurde die Geographike Hyphegesis wieder rezipiert.

Neben dem zusammenfassenden Kanon bedeutender Städte verfasste Ptolemäus die Geographia (Geographike Hyphegesis, Explicatio geographica, „geografische Anleitung"), in der er die bekannte Welt und ihre Bewohner aufzeichnete. Als Referenz für die Längengrade (±180°) definierte er den bis in das 19.

dem 19. Jahrhundert, wird das heutige Gebiet, in dem Meyhen liegt, als „Baenochaemae" bezeichnet. Die Bainochaimai waren ein germanisches Volk, das nur in der Geografie des Claudius Ptolemäus erwähnt wird, der sie als „in der Nähe der Elbe lebend" beschreibt.

Der Name wird im Allgemeinen als gleichwertig mit dem modernen Begriff "Böhme" angesehen, obwohl dies nicht bedeutet, dass dieses Volk mit den modernen Böhmen verwandt ist, eine angestammte Sprache spricht oder in Böhmen lebt.

Vielmehr ist der Name eine Kombination aus dem älteren Stammesnamen der Boii und dem germanischen Wort, das im modernen Deutsch „heim" oder im Englischen „home" vorkommt. (Der Name der Boii findet sich auch in "Bayern", und sie lebten in einem großen Gebiet, das die beiden modernen Regionen sowie Teile des heutigen Mährens, Ungarns, Niederösterreichs und Norditaliens umfasste. Die italienische Stadt Bologna, lateinisch Bononia, ist nach ihnen benannt).

Jahrhundert verwendeten Meridian durch die von ihm so genannten „makaron nesoi" (lateinisch: „insulae fortunatae"), die heutigen Kanarischen Inseln (Ferro-Meridian). Seine Definition der Breitengrade ist bis heute gültig (Äquator 0°, Pole ±90°). Außerdem legt er darin seine Hypothese des unbekannten Südkontinentes Terra Australis dar. Ptolemäus war wie früher schon Aristoteles bekannt, dass die Erde eine Kugel ist; er stellte zu deren Darstellung in einer Blattebene mehrere geeignete Projektionen vor.

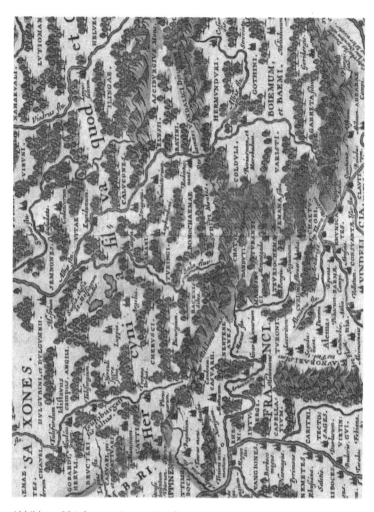

Abbildung 20 Johannes Janssonius: Germaniae Veteris Nova Descriptio, an Tacitus, Strabon und vor allem Claudius Ptolemäus orientierte Karte des antiken Germanien von 1657

Während der römischen Kaiserzeit war ein Teil des Gebiets der heutigen Tschechischen Republik von suebischen germanischen Stämmen besiedelt worden, insbesondere von den

Arkomannen unter König Marobodus. Nördlich davon siedelten die Hermunduren. Von ihnen wird noch zu berichten sein.

Um 100 n. Chr. berichtete Tacitus, dass in dem einst von den Boiern bewohnten Gebiet nördlich der Donau, südlich des Mains, östlich des alten Gebiets der Helvetier und westlich des hercynischen Waldes[10] der Name Boiemum noch heute erhalten ist:

"Der Name Boiemum ist noch erhalten geblieben und zeugt von der alten Tradition des Ortes, auch wenn sich die Bevölkerung verändert hat."

---

[10] Der Herkynische Wald war ein uralter, dichter Wald, der sich über das westliche Mitteleuropa von Nordostfrankreich bis zu den Karpaten erstreckte und auch den größten Teil Süddeutschlands umfasste, wobei seine Grenzen umstritten sind. Er bildete die nördliche Grenze des Teils von Europa, der den Schriftstellern der Antike bekannt war. Die antiken Quellen sind sich nicht einig darüber, wie weit er sich nach Osten erstreckte. Viele stimmen darin überein, dass der Schwarzwald, der sich östlich des Rheintals erstreckte, die westliche Seite des Herzyns bildete, mit Ausnahme z. B. von Lucius von Tongeren. Ihm zufolge umfasste es viele Gebirgszüge westlich des Rheins.

Jenseits des Rheins im Westen erstreckten sich die Silva Carbonaria, der Wald der Ardennen und der Wald der Vogesen. All diese uralten Wälder stellten das ursprüngliche Ökosystem der gemäßigten Laubwälder Europas nach der Eiszeit dar.

Relikte dieses einstmals zusammenhängenden Waldes existieren unter vielen lokalen Namen: Schwarzwald, Ardennen, Bayerischer Wald, Vogesen, Eifel, Jura, Schwäbische Alb, Fränkische Alb, Polnischer Jura, Pfälzer Wald, Teutoburger Wald, Argonner Wald, Morvan, Hochebene von Langres, Odenwald, Spessart, Rhön, Thüringer Wald, Harz, Rauhe Alb, Steigerwald, Fichtelgebirge, Erzgebirge, Riesengebirge, Böhmerwald und Sudeten. Im heutigen Tschechien und Südpolen schloss es sich an die bewaldeten Karpaten an. Das Mittelgebirge scheint mehr oder weniger einem Abschnitt des Herzynischen Gebirges zu entsprechen. Dazu gehörten auch viele heutige kleinere Wälder wie der Bienwald und der Haguenauer Wald. Möglicherweise erstreckte sich der Wald nordwestlich bis zur Veluwe und östlich bis zum Białowieża Wald.

Strabo schrieb, dass im Süden Deutschlands, zwischen den Hügeln oder Bergen nördlich der Donau (die noch nicht so groß sind wie die Alpen weiter südlich)

„... der hercynische Wald ist, und auch die Stämme der Suevi, von denen einige innerhalb des Waldes wohnen, wie zum Beispiel die Stämme der Coldui, in deren Gebiet Boihaemum liegt, das Gebiet des Marabodus, der Ort, wohin er nicht nur mehrere andere Völker, sondern insbesondere die Markomannen, seine Stammesgenossen, ziehen ließ; denn nach seiner Rückkehr aus Rom wurde dieser Mann, der zuvor nur ein Privatmann gewesen war, mit den Staatsgeschäften betraut; denn als Jugendlicher war er in Rom gewesen und hatte die Gunst des Augustus genossen, und nach seiner Rückkehr übernahm er die Herrschaft und erwarb außer den genannten Völkern auch die Lugii (einen großen Stamm), die Zumi, die Butones, die Mugilones, die Sibini und auch die Semnones, einen großen Stamm der Suevi selbst."

Nach Ptolemäus' Bericht lebte ein Stamm mit diesem Namen in der Nähe der Elbe, östlich des Melibokus-Gebirges, bei dem es sich wahrscheinlich nicht um den modernen Melibokus, sondern um den Harz oder den Thüringer Wald oder beides handelt, was wiederum nördlich des Askiburgium-Gebirges (wahrscheinlich die modernen Sudeten) und des Lugi Buri liegt, die wiederum nördlich der Weichselquelle liegen. Diese Position könnte nördlich sowohl des heutigen Böhmens als auch des heutigen Bayerns liegen.

Ptolemäus erwähnt auch ein großes Volk namens Baimoi (oder Baemi), dessen Name oft einfach als eine andere griechische Transliteration desselben Wortes angesehen wird, aber die Baimoi leben südlich, auf der Nordseite der Donau, bevor diese in Ungarn nach Süden abbiegt, in der Nähe der Quadi und des Luna-Waldes.

Die Hermunduren

Um 16 n. Chr. haben die Römer ihren Plan aufgegeben, die Gebiete jenseits von Rhein und Donau zu unterwerfen. Sie streben seit dieser Zeit danach, einen Verbund loyaler Germanenstämme aufzubauen, um Feinde von der Grenze fernzuhalten und ihren Einfluss bis weit ins Hinterland geltend zu machen. So gewähren sie Häuptlingen finanzielle Unterstützung, ermöglichen den Stammesangehörigen den Handel mit Bernstein, Pelzen oder Fellen gegen Prestigeobjekte wie römische Bronze – und Silbergefäße. Über diese Schiene gelangen die Germanen auch an begehrte Waren wie Wein, Getreide und Zuchtvieh – oft finanziert durch den Dienst als römische Söldner.

Die Hermunduren, die in einem Gebiet zwischen dem Main und der mittleren Elbe siedeln, gelten als verlässliche Verbündete. Sie sind es auch, die auf Geheiß der Römer nach 19 n.Chr. am Sturz eines Stammesfürsten der Quaden (mit Namen Vannius) maßgeblich beteiligt sind. Von diesen Verwicklungen berichtet Tacidus. Im Jahre 2007 findet dieser unerwartete Bestätigung, als Archäologen in der Nähe der Weißen Elster auf ein Urnengrab stoßen, in dem eine Germanin aus dem Quadenreich bestattet war. Sie war wohl mit einem hochstehenden Mitglied der Hermunduren verheiratet und Zeit ihres Lebens bei diesem Stamm angesiedelt. Die Verbundenheit mit dem Quadenreich zeigen zwei Halsketten aus Goldschmuck, die römische Handwerkskunst aus dem Reich der Quaden dokumentiert.

Die Germanin wurde hierzulande bekannt als „Prinzessin von Profen".[11]

---

[11] Für weitere Infos:
https://de.wikipedia.org/wiki/Goldschatz_von_Profen

Exkurs: „Sachsen"

Die Sachsen bildeten sich vermutlich im 3. Jahrhundert, eventuell jedoch erst im 4. Jahrhundert aus älteren Stämmen der Nordseegermanen. Die früheste unbestrittene Nennung stammt von Kaiser Julian aus dem Jahre 356.

Im 5. Jahrhundert teilten sich die Sachsen in die nach England abwandernden Angelsachsen und die auf dem Festland verbleibenden Altsachsen. Ein Jahrhundert später beherrschten die Altsachsen weite Gebiete an der Nordseeküste. Gleichzeitig verstärkte sich im Westen der Druck des Frankenreichs und im Osten jener der in den Elbraum expandierenden Slawen.

Der Konflikt mit dem Frankenreich führte unter Karl dem Großen zu den Sachsenkriegen (772–804). In dieser Zeit war Altsachsen in die drei Teilstämme oder Heerscharen Westfalen, Engern und Ostfalen gegliedert.

Nach der Zwangschristianisierung wurde diese Einteilung durch Grafschaften ersetzt. Erst im 13. Jahrhundert wurde das inzwischen weiterentwickelte Stammesrecht Lex Saxonum im Sachsenspiegel niedergeschrieben. Dagegen existiert keine Kontinuität zwischen den heutigen Sachsen im gleichnamigen Freistaat und den historischen Altsachsen des frühen Mittelalters, da der Sachsenname erst durch verschiedene dynastische Verschiebungen auf diese im Mittelalter germanisierten Landschaften überging.

Um das Jahr 550 n Chr. zogen sich die um Meyhen siedelnden Germanen zurück und schlossen sich dem expandierenden Reich der Franken an. Im Laufe des 7. Jahrhunderts kamen heidnische Stämme aus den Karpaten, um geeignete Plätze zu finden, die sie besiedeln konnten: Die Slawen. Diese waren jedoch kein Nomadenvolk, wie man es hätte ahnen können. Im Gebiet zwischen der Elbe und der Oder fanden sie in der noch damals bestehenden Wildnis aus Mischwäldern den richtigen Platz zu siedeln.

Erst mit ihrer Erwähnung in den oströmischen Quellen werden die Slawen als historische Größe greifbar, wobei diese Großgruppe keineswegs als ethnisch homogene Gruppierung aufgetreten sein muss, wenngleich sie von außen als solche gesehen wurde. Neu entstandene Großverbände der Völkerwanderungszeit waren meistens fragil und polyethnisch zusammengesetzt. Sie setzten sich aus Personen und Gruppen unterschiedlicher Herkunft zusammen, die besonders durch den Glauben an eine gemeinsame Ideologie und Kultur sowie eine gemeinsame Abstammung zusammengehalten wurden, sich aber nicht zwangsläufig tatsächlich auch auf eine gemeinsame Kultur und gemeinsame Sprache begründen mussten. Ethnogenese ist ein historischer Prozess, an dessen Ende in diesem Fall das historisch greifbare „Volk" der Slawen stand.

Die slawische Besiedlung

Da um das 7. Jhd. die Slawen auch noch andere Bereiche Europas besiedelten, nennt man die im Bereich Meyhen siedelnden Völker die **Nördlichen Westslawen**. Die Wälder boten ausreichend Wild für die Jagd und Holz für ihre Häuser und ihre nur aus Axt und Beil gehauenen Einbäume, die sie zum Transport oder zum Fischfang einsetzten.

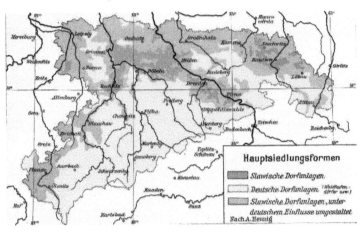

Abbildung 21 Hauptsiedlungsformen der Slawen nach A.Hennig

Da die Slawen ein heidnisches Volk waren, die im Gegensatz zum Christentum viele Götter kannten, waren Heiler, die in Kontakt mit diesen standen, neben den jeweiligen Stammesoberhäuptern sozial sehr hoch gestellte Persönlichkeiten. Eine Monarchie kannten die Slawen nicht. Es herrschte eine Art Demokratie unter den einzelnen Stämmen. Meistens handelte es sich um Sippschaften, die ein jeweiligen Stammesoberhaupt besaßen.

In der lebhaften Diskussion über den Ursprung der Slawen stehen sich zwei völlig unterschiedliche Forschungsansätze gegenüber. Ausgehend von der Grundannahme, dass die Slawen ein Ursprungsgebiet haben, geht die klassische Auffassung von der Einwanderung einer oder mehrerer homogener „urslawischer" Gruppen aus, deren Identität und Herkunft sie zu ermitteln sucht („Urheimat").

Dabei sollen nach einem älteren Modell homogene Verbände eingewandert sein, während sich nach einer moderneren, modifizierten These die slawischen Völkerschaften erst auf der Wanderung oder am Ankunftsort im Rahmen einer Ethnogenese aus den wandernden Protoslawen gebildet haben. Insbesondere Sprachforscher haben als slawische „Urheimat" einen Raum nördlich der Karpaten zwischen oberer Weichsel, mittlerem Dnepr und Desna vermutet.

Demgegenüber hat der rumänisch-amerikanische Forscher Florin Curta die umstrittene These aufgestellt, die Slawen als ethnisch-politische Kategorie seien eine oströmisch-frühbyzantinische "Erfindung" in Form einer Fremdbezeichnung, also einer Kategorisierung von außen, durch die unterschiedliche Gruppen als Einheit gesehen worden seien. Curtas Thesen haben zu einer angeregten Debatte geführt, in der auch lange als sicher geltende Deutungen archäologischer Kulturen als „slawisch" neu diskutiert werden.

Plinius der Ältere, Tacitus und Ptolemäus von Alexandria erwähnen ab dem 1. Jahrhundert in unterschiedlichen Schreibweisen ein Volk der „Veneter" (Venedi / Venethi / Venadi oder Ouenedai), das östlich der Weichsel beziehungsweise an der Danziger Bucht siedelte. Somit wird es – schon geografisch – auch eindeutig von den Venetern des Alpenraumes unterschieden.

Eine ethnische Kontinuität von Venethi/Venedi und Wenden wird in der modernen Forschung überwiegend bezweifelt.

Die Vorbehalte stützen sich auf das späte Auftreten zweifelsfrei den Slawen zuzuordnender Keramik. Diese sogenannte frühslawische Keramik zeichnet sich jedoch im Wesentlichen durch ihre Einfachheit und Unscheinbarkeit aus. Zwischen den älteren Kulturen derselben Region und der frühslawischen Keramik liegen die Hinterlassenschaften des Gotensturms, und die Getica des Jordanes berichten von der Unterwerfung der verschiedenen Völker durch die Goten.

Die archäologischen Zeugnisse der frühen Slawen (6.–8. Jhd.) zeigen kaum Unterschiede im gesamten Siedlungsgebiet zwischen Schwarzem Meer und mittlerer Elbe. Die Keramik ist handgeformt und häufig unverziert. Typische Zeugnisse sind Überreste slawischer Burgwälle[12] im vormaligen Siedlungsgebiet.

In der Diskussion über die Klassifikation verschiedener regionaler Gruppen wird immer wieder auf die sehr geringen Unterschiede der materiellen Kultur verwiesen. Daher wird heute nur noch zwischen regionalen Keramikgruppen unterschieden.

Mit einer breiten, weitgefächerten neuen Schicht von Namen (Gewässer-, Flur- und Siedlungsnamen) wurden Sachsen und die nördlich anschließenden Landschaften durch aus dem Osten und Südosten kommende westslawische Landnahmegruppen überzogen, die sich zuerst in den fruchtbaren Altsiedelgebieten

---

[12] Slawische Burgwälle (Burgstädte, Gard bzw. Grad) sind charakteristische Siedlungsformen des Mittelalters im östlichen Mitteleuropa. Sie haben innerhalb von slawischen Siedlungskammern eine zentralörtliche Funktion, sind jedoch kein zwingendes ethnisches Kennzeichen, denn sie verdanken ihre Entstehung bestimmten Gesellschaftsstrukturen, die auch bei germanischen Völkern anzutreffen sind.

(Lößlandschaften) niederließen, aus denen die elbgermanischen Gruppen gegen 600 n. Chr. bis auf kleinere verbleibende Reste abgewandert waren. Anzunehmen ist, dass dies auch auf die Vorgängersiedlung der Gemeinde Meyhen zutrifft. Meyhen liegt in einer fruchtbaren Lößlandschaft.[13]

Teile des heutigen Sachsen wohl bis zur Elster und Pleiße, vielleicht sogar stellenweise bis zur Mulde, gehörten vermutlich schon seit der Mitte des 9. Jahrhunderts zur Sorbischen Mark und standen damit in loser Abhängigkeit vom Fränkischen Reich. Ihren Namen erhielt diese Grenzmark von dem östlich davon siedelnden Stammesverband der Sorben. Die Gebiete an der Elbe und in der Lommatzscher Pflege waren von den slawischen Daleminziern besiedelt, in der Oberlausitz saßen die Milzener und Besunzane.

---

[13] Löss oder Löß ist ein homogenes, ungeschichtetes, hellgelblich-graues Sediment, das vorwiegend aus Schluff besteht. Häufig wird ein gewisser Karbonatanteil als wichtiges Kriterium zur Charakterisierung angesehen. Löss wurde überwiegend von Wind abgelagert, veränderte sich danach aber meist weiter. Löss bedeckt etwa zehn Prozent der Erdoberfläche und ist vor allem in der gemäßigten Klimazone verbreitet. Er wurde zum größten Teil in den quartären Kaltzeiten gebildet und ist Ausgangssubstrat für die ackerbaulich günstigsten Böden weltweit. Darüber hinaus werden Lösse und darin eingeschaltete fossile Böden (Paläoböden) als Archive für die Rekonstruktion quartärer Umweltveränderungen erforscht.
2021 ist Löss "Boden des Jahres".

Machtansprüche naheliegender Großreiche

Die Slawen verhielten sich zu Zeiten der Landnahme im 7. und 8. Jhd. ruhig und pflegten die dezentralistische Lebensweise. Ganz anders verhielt es sich jedoch im nahen Frankenreich, westlich der Elbe. Im Jahre 800 n. Chr. wurde Karl der Große vom Papst zum Kaiser ernannt, woraufhin dieser das gesamte Frankenreich zu regieren suchte. Da sich um diese Zeit, neben den Slawen, noch die Sachsen nördlich von Franken befanden und diese ebenfalls eine heidnische Volksgruppe bildeten, war dies in den Augen Karl des Großen nicht gern gesehen. Sobald ein Reich ihm seine Treue schwur, gehörte es unter seiner Verwaltung. So zogen die Truppen Karl des Großen im Jahre 802 n. Chr. gegen die Sachsen in den Krieg und gewannen schließlich 804 n. Chr.. Dies bedrohte den Bereich der Slawen erheblich, da sie das nächste Reich waren, das sich noch nicht den Franken angeschlossen hatten.

Dies verschärfte sich weiter, als in der nicht weit entfernten Harzregion 919 n. Chr. die Luidolfinger (ein Adelsgeschlecht, das nach der Krönung auch ‚Ottonen' genannt wurden und im ostfränkischen Reich von 919 - 1024 n. Chr. regierten) an die Macht kamen und es in der Königspolitik nicht gern gesehen war, dass sich ein heidnisches Volk, das sich dem Christentum widersetzt, östlich der nahen Elbe befand.

Die Slawen bekamen die Expansion des fränkischen Reiches mit und betrieben Schwarzhandel an dessen Grenzen, um an die für die Zeit hochentwickelten Waffen zu kommen, die die Franken besaßen. Für den Handel nahmen die Slawen Naturprodukte wie Honig, Harz und Felle, die man immer gut gebrauchen konnte. Da die Slawen zwar in der militärischen Aufrüstung den Franken weit unterlegen waren, konnten sie ihre Heimat doch als eine strategisch perfekte Plattform nutzen, die auch schon die Germanen in der bekannten Varusschlacht sich zu Nutze machten. Sie waren in den Wäldern, Sümpfen und Seen besser und schneller unterwegs und schlugen die fränkischen Soldaten auf Partisanenart und Weise. Dies hielt jedoch nicht allzu lange.

Die besiegten Sachsen waren inzwischen Christen geworden. In den Jahren 828 und 929 n. Chr. gelang es den Sachsen einen großen Schritt in das Herrschaftsgebiet der Slawen zu tätigen. Dies geschah unter der Führung von Heinrich des Ersten, der aus dem Adelsgeschlecht der Luidolfinger stammte und König von Sachsen war. Mit der Schlacht von Lenzen am 4. September 929 zwischen den Elbslawen und den Sachsen war mit dem Siegeszug der Sachsen ein Anfang gemacht. Damit wurde eine prägende Grundlage in der Ostexpansion geschaffen, die dann schließlich ab 936 n. Chr. sein Sohn Otto I. systematisch fortsetzte. Dieser gründete Markgrafschaften und die Missionsbistümer Havelberg, Brandenburg, Merseburg, Zeitz, Oldenburg und Meißen auf der östlichen Seite der Elbe.

Diese Vorgehensweise sollte bezwecken, dass sich die Slawen langsam und stetig an das Christentum gewöhnen sollten. Dies ging aber nicht ohne Gewalt vonstatten. Der Markgraf Gero I., der von Otto I. die Tributherrschaft zugeteilt bekam, übte diese in der Zeit zwischen 939 und 965 n. Chr. brutal an den slawischen Stämmen aus. Dazu ließ er auch viele Stammesoberhäupter der Slawen ermorden, um diesen den Anführer zu nehmen und somit zu schwächen. Am 16. Oktober 955 n. Chr. fand die Schlacht von Raxa zwischen dem ostfränkischen König Otto I. und sämtlichen Slawenstämme statt. Die Sachsen gewannen und führten die Tributpflicht ein. Die Gebiete sowie die Christianisierung schienen bei der Schlacht nicht von Interesse gewesen zu sein.

Slawenaufstand

Viele Slawen wechselten nach der Schlacht von Raxa auf die Seite der Christen. Doch nicht alle Slawen wollten sich der Christianisierung hingeben. Durch den Zusammenschluss elbslawischer Stämme wurde in einem selbst heute nicht mehr auffindbaren Hauptheiligtum der Slawen, genannt Rethra (zu Ehren Riedegosts), ein Slawenaufstand geplant. Die aus dem Zusammenschluss hervortretenden Slawen nannte man Lutizen. Diese galten von dort an als ein Bund von Slawen, der sich strikt der Christianisierung widersetzte.

Der geplante Aufstand brach schließlich am 29. Juni 983 n. Chr. bei Havelberg aus. Das Bistum wurde erobert und zerstört. Nach dem Sieg der Slawen eroberten diese drei Tage später das Bistum Brandenburg, wiederum mit einem Sieg. Dies drängte den Einfluss der deutschen Könige auf der Ostseite erheblich zurück auf die Westseite.

Mehr wie 100 Jahre konnten sich die Slawen gegen die Westmächte behaupten.

Ab 985 n. Chr. unternahmen deutsche Reichsfürsten immer wieder zusammen mit den polnischen Fürsten Mieszko I.[14] und später mit Bolesław I.[15] Kriegszüge gegen die Slawen, jedoch ohne jegliche Wirkung. In dem Jahre 1003 n. Chr. entschloss sich der König Heinrich II. zu einem überraschenden Wechsel in seiner

---

[14] Mieszko I. (* um 945? † 25. Mai 992) aus der Herrscherfamilie der Piasten war ein slawischer Fürst, der in zeitgenössischen Quellen ab etwa 960 als Herzog im Gebiet des heutigen Polen namentlich nachweisbar ist. Sein Sohn Bolesław Chrobry folgte ihm als Herzog und erster König des Königreichs Polen.
[15] Boleslav I. (* um 915; † 972, traditionell am 15. Juli 967) wurde auch Boleslav der Grausame genannt und war ein böhmischer Fürst und Sohn der Drahomíra von Stodor und Vratislavs I.

Politik. In einem Verbund mit den Lutizen ging er 1004 n. Chr. gegen das christliche Herzogtum Polen vor, mit dem er bisher verbündet war. Bis in das 12. Jahrhundert waren die Slawen in der Lage, ihre Herrschaft zu halten.

Wendenkreuzzug

Im Jahre 1147 n. Chr. rief man als ein Teilunternehmen des Zweiten Kreuzzuges zum Wendekreuzzug auf. Nun sollten die Slawen endgültig besiegt und christianisiert werden.

Es bildeten sich zwei riesige Heerscharen, bestehend aus einem Zusammenschluss von Kreuzrittern aus sächsischen, dänischen und polnischen Fürstentümern und jeweils geführt von Albrecht dem Bären und Heinrich dem Löwen.

Die Quellen nennen als Dauer des Kreuzzuges drei Monate. Die Angaben bezüglich der Truppenstärke sind wenig glaubwürdig. So sollen 100.000 deutsche, ebenso viele dänische und 20.000 polnische Kreuzfahrer in das Wendenland gezogen sein. Auf ihrer Kleidung trugen sie ein auf einem Kreis stehendes Kreuz. Unter den deutschen Kreuzfahrern befanden sich: Heinrich der Löwe, Albrecht der Bär mit seinen Söhnen, Herzog Konrad von Zähringen, Pfalzgraf Hermann von Stahleck, Pfalzgraf Friedrich von Sachsen, Markgraf Konrad von Meißen, Hartwig von Stade, Graf Otto von Ammensleben und Graf Adolf von Holstein. Im Weiteren werden auch die mährischen Fürsten Otto Svatopluk und Vratislav als Teilnehmer genannt. Von geistlicher Seite sind als Teilnehmer Erzbischof Adalbero von Bremen und Hamburg, Erzbischof Friedrich I. von Magdeburg, Bischof Wigger von Brandenburg, Bischof Rudolf I. von Halberstadt, Bischof Anselm von Havelberg, Bischof Reinhard von Merseburg, Bischof Werner von Münster, Bischof Dietmar II. von Verden, Bischof Heinrich von Olmütz und Abt Wibald von Corvey bekannt.

Der Grenzraum zwischen den christlichen und den heidnischen Gebieten war vom Gegensatz der Herrschaftsverdichtung auf deutscher Seite und des Herrschaftsverfalls auf slawischer Seite gekennzeichnet. Für die deutschen Fürsten war vor allem die Stabilität im Grenzraum von Bedeutung. Deswegen unterstützten sie großräumige Herrschaftsbildungen im westslawischen Raum wie beispielsweise das Nakonidenreich unter Heinrich von Alt-Lübeck. Eine Missionierung des Gebietes stand zu diesem Zeitpunkt nicht im Vordergrund.

Die slawische Seite war den beiden Kreuzzugsheeren unterlegen. So vermieden sie offene Schlachten und zogen sich in die Fluchtburgen, Wälder und Sümpfe zurück. Die Einnahme der Festungen stand kurz bevor. Aus Stettin ist überliefert, dass die Belagerten eine diplomatische Lösung suchten. So wurden Kreuze auf der Burg befestigt und eine Gesandtschaft, unter ihnen der Bischof, zum Kreuzfahrerheer geschickt. Dort beriefen sie sich gegenüber den Bischöfen im Heer auf das Bekehrungswerk von Otto von Bamberg. Sie argumentierten, dass sie bereits Christen seien und zur Stärkung des Glaubens eine Missionierung angebrachter sei als ein Kreuzzug. Daraufhin kam es zu Friedensverhandlungen.

Zu den politischen Ergebnissen kann sicher gezählt werden, dass der Kreuzzug eine massive Machtdemonstration der sächsischen Fürsten, allen voran Albrecht des Bären und Heinrich des Löwen, war. Dies zeigt sich auch in den späteren Tributzahlungen von slawischen Herrschern. So sind Tributzahlungen an Heinrich aus dem Jahr 1151 belegt, die womöglich auf die Ereignisse von 1147 zurückgehen. Von Albrechts Seite sind keine Tributzahlungen nachgewiesen. Es ist jedoch anzunehmen, dass bei dem Aufenthalt des Pomoranen-Fürsten Ratibor I. 1148 in Havelberg ähnliches vereinbart wurde. Beide sächsischen Fürsten konnten ihren Machtanspruch im jeweiligen Gebiet behaupten und im Laufe der Zeit durchsetzen. Der Grundstein für diese

Entwicklung war der Wendenkreuzzug. Eine direkte deutsche Herrschaftsgründung ist im ehemaligen Liutizenland, in dem sich die slawischen Herrschaftsstrukturen aufgelöst hatten, zu beobachten. Damit verbunden war die Ansiedlung deutscher Bauern. Die Forderung Bernhards „natio deleatur"[16] wurde also in diesem Gebiet verwirklicht. Der Wendenkreuzzug von 1147 stellte den Beginn der offensiven Politik der sächsischen Fürsten, allen voran Heinrich des Löwen, im slawischen Gebiet dar.

Zu den kirchenpolitischen Ergebnissen zählten die Wiederherstellung von Bistümern, wie beispielsweise der Bistümer Havelberg, Brandenburg, Oldenburg und Mecklenburg sowie die Errichtung neuer Bistümer. Auch kam es zur Gründung von Kirchen und Klöstern als Missionsstützpunkte. Die Taufe der Slawen, auch wenn es nur Scheintaufen waren, bildete eine kirchenrechtliche Voraussetzung für die gegebenenfalls auch gewaltsame Durchsetzung des Christentums und der Missionierung. Die bereits vor Generationen teilweise erfolgte Missionierung und Bekehrung konnte diese Grundlage nur unzureichend geben. Aus den zugesagten Taufen konnte somit die Rechtsgrundlage für die erzwungene Bekehrung der Slawen abgeleitet werden. Im Zuge dessen wurden heidnische Heiligtümer zerstört. Die Slawen wurden gezwungen ihre Toten auf Friedhöfen zu bestatten und an Festtagen die Messfeiern zu besuchen.

---

[16] Natio deleatur = Auslöschung der Nation

Die erste Erwähnung Meyhens

Zunächst wird auf die Ausführungen von Markus Cottin verwiesen (S. 30ff).

Der Ortsname im Wandel der Zeit

Der Ortsname variiert in den Zeiten. Mit großer Wahrscheinlichkeit verteilen sich die Ortsnamen Meyhens wie folgt (Auszug):

- 1269: Eigen (UB Merseburg, Nr. 345)
- 1270: Eygen (UB Merseburg, Nr. 367)
- 1277: Eighen (UB Merseburg, Nr. 428)
- 1320/30: Eygen, Eyghen (UB Merseburg, S. 1005, 1046, 1062)
- 1447/48: Meyen, Meyen alias Eygen (Domstiftsarchiv Merseburg, Obödienzenabrechnung Heinrich Medel, 1447/48, fol. 7v, 12r)
- 1448: Meyen (Domstiftsarchiv Merseburg, Urkunde Nr. 525)
- 1526: Meyen (Domstiftsbibliothek Merseburg, Cod. I, 119, fol. 167r)
- 1545: Meien (Landeshauptarchiv Sachsen-Anhalt, Standort Wernigerode, A 29c, XI Nr. 1, fol. 108v)
- 1562: Meien, Meichen, Meyen (Friedensburg, Kirchenvisitationen, S. 116, 171, 173)
- 1578: Meigen, Meyen (Friedensburg, Kirchenvisitationen, S. 340, 449)
- 1583: Meien (Domstiftsarchiv Merseburg, C III, Lit. R I, Nr. 18)
- 1791 Mayen, Meyen od. Meyhen OV 328, 335. – Mda. maešn.

Die ursprüngliche Gestalt dieses Ortsnamens läßt sich angesichts der spät bezeugten, vieldeutigen Form kaum angeben. So können nur Vermutungen geäußert werden. In erster Linie wäre eine Bildung zu magan, megin zu erwägen. Auch mhd. meie, meige 'Maibaum', frnhd. meie 'Festbaum, Äste zum Schmuck, Strauß', zum Monats Mai, könnte zuweilen zur Namengebung verwendet werden worden sein. Neben Meyen liegt Meuchen, das auf „Eigen" zurückgeht.

Definitiv ist aber Meuchen (Eygen) nicht mit Meyhen (Eyghen) zu verwechseln. Im Obödienzenverzeichnis UBM 1046 sind beide Orte – also Eyghen und Eygen nacheinander genannt, was für zwei verschiedene Orte spricht.

Gewannnamen liegen mit „Gewende" und „Weingraben", sowie „grüner Berg" vor. Im frühen Mittelalter ist für Meyhen Weinanbau belegt; der Gewannname verortet dieser Anbau.

Ursprüngliche Erwähnungen
Die folgenden Erwähnungen wurden vom Domstift Merseburg freundlicherweise zur Verfügung gestellt:

Aus der Quelle Kehr, UBM (Domstift Merseburg):

1269 April 19:

Kloster Pegau verkauft an das Domkapitel vier Hufen in Meuchen; in villa et pago Eigen (dies bezieht sich auf das Eyghen im Einkünfteverzeichnis, wo Pegauer Geld gezahlt wird, UBM, S. 1046). UBM 345

1270 Dezember 12:

Das Peterskloster erhält eine Schenkung von einer Hufe in villa que dicitur Eygen, von der 14 solidos Pegauer Geldes und 4 Hühner gegeben werden.

vgl. Erbbuch Peterskloster UBM 367

1277 Juni 25:

Verkauf des Gerichtsstuhls Eisdorf: Nennung von Kaja, Rahna, Eighen, Rödichen, Starsiedel. Hier dürfte mit Sicherheit Meyhen gemeint sein, dass auch später zum Amt Lützen und dessen Gerichtsstuhl Eisdorf gehörte, vgl. Karte Thilozeit. UBM 428

1330 Juli 18:

vakante Obödienzen: domino Hinrico de Hakenstede Eyghen UBM 842

1332 September 7:

Provision des Heinrich von Hakenstedt, obwohl er die Obödienz Cyghen hat. UBM 870

C III, Lit. E I, Nr. 3

Gerichtsprotokoll der Dompropsteidörfer (Kaja, Meyhen, Sittel, Niederwünsch, PassendorfX), 1595-1600 enthält: - Schöppeneid-Formular

C I, Tit. II, Lit. C, Nr. 5

Extracte des neuen stifft. Catastri einige Domprobstey Dorffschafften und deren sowohl als einiger Domprobstey Unterthanen Beschwerde betr., 1716-1721 25 Blatt enthält:

- Niederwünsch, Oberklobikau, Göhlitzsch, Atzendorf, Meyhen, Sittel

E, Lit. D, Nr. 2

Acta die Verwandlung der Dom-Probstey-Getreide-Zinsen in eine Geldrente betrff. und Ablösungen a. zu Oetzsch, b. zu Spergau, c. zu Gärnitz, d. zu Thronitz, e. zu Döhlen, f. zu Schkölen, g. Wittwe Schirmer zu Eisdorf, und Grundstücke in Kitzner, Thesauer und Cajaer Flur, Schladebach, Wünschendorf, Rodden, Raepitz, Gross-Schkorlop, Meyhen, 1842-1847 93 Blatt

Kalendarfunde:

6. Mai: Iohannes ante portam Latinam. Hic dantur vi denarii: quilibet dominorum vi denarii in Eyghen[17]. UBM, S. 986

15. Juni: Viti martiris. Henricus decanus de Indagine obiit, qui dedit vi mansos ecclesie in villa Eyghen, de quibus servitur fratribus ½ marca, pauperibus iii elemosina, in xl quoque tribus pauperibus cuilibet i denarius et unus panis et unus cyphus cervisie et unum allec[18]. UBM, S. 990

---

[17] Sehr frei vom Autor übersetzt: „Johannes am lateinischen Tor. Hier sind sechs Pfennig: jeder der Herren für sechs Pfennig in Eyghen"
[18] Sehr frei vom Autor übersetzt: „Der Märtyrer von Viti. Henry, Dekan der Indigine, starb, der der Kirche im Dorf Eyghen sechs Wohnstätten gab, von der den Brüdern ein halbes Groschen Almosen für die Armen serviert wird; 3

12. Juli: Hermagore et Fortunati martirum: Waltherus custos obiit: x solidos in Eygene[19]. UBM, S. 992

15. September: Nicomedis martiris. Hic dantur vii denarii de iiiior mansis in Eygen cuilibet dominorum. UBM, S. 998

13. Oktober: Item Wernherus obiit, qui dedit i talentum fratribus in villa Eygen, unde x denarii dantur cuilibet spensam et candelam[20]. UBM, S. 1001

1. Dezember: Dytmarus Mersburgensis episcopus obiit, unde dantur xiiii denarii cuilibet dominorum et dedit ecclesie villam Tundersleuen, que modo vendita est monachis de monte Magdeburgensi et de precio illo sunt alia bona empta, Rytmarstorf et in villa, que dicitur Eygen[21]. UBM, S. 1005

Obödienzenverzeichnis:

Eyghen und Eygen, offenbar sind beide Orte gemeint, sonst setzt der Schreiber auch nicht zwei Mal an und nennt den Ort.

UBM, S. 1046

Almosen und von den vierzig Stämmen an die Armen einen Groschen und einen Laib Brot und einen Becher Bier und einen Hering.

[19] Frei übersetzt: „Hermagore und Fortunatus Märtyrer: Walther, Wärter, gestorben: zehn Schilling in Eygenes"

[20] Frei übersetzt: „Auch Wernherus starb, der seinen Brüdern im Dorf Eygen 1 Talent schenkte"

[21] Sehr frei übersetzt vom Autor: „Dytmarus, Bischof von Mersburg, starb, wovon jedem der Herren vierzehn Pence gegeben werden, und er schenkte der Kirche die Villa von Tundersleuen, die jetzt an die Magdeburger Mönche verkauft wird; und zu diesem Preis wurden andere Waren gekauft, Rytmarstorf und im Dorf Eygen

Zahlungen an Arme:

De obediencia in Eyghen: iii pauperibus[22].

UBM, S. 1051

Einkünfteverzeichnis

De decima Eyghen xxxiii siliginis, avene xxx, ordei (frei). De prebendali v.[23] UBM, S. 1057f.

Einkünfteverzeichnis

In Eyghen est vinea, solvens vii solidos. Senior solvit de suis mansis 1 ½ marcam et hospicium vel dimidiam marcam. Item sunt ibi duo mansi, qui solvunt ii marcas, et sunt alii duo mansi, quorum unus solvit xxvii solidos et alius xxi soliods[24]. UBM, S. 1062

Einkünfteverzeichnis

Hec est decima prepositure in Cuiaw: ccc et sexaginta sexagene, in Eyghen centum et sexaginta[25] UBM, S. 1067

---

[22] Gehorsam in Eyghen: iii die Armen
[23] Sehr frei übersetzt vom Autor: „Vom zehnten Eyghen 33 Roggen, dreißig Hafer und Gerste (frei). Von ...“
[24] In Eyghen gibt es einen Weinberg, der 7 Schilling zahlt. Der Älteste zahlt 1 ½ seiner Herrenhaus- und Logiermark. Es gibt dort auch zwei Manses, die diese Mark zahlen, und es gibt zwei andere Manses, von denen eine 27 Solids und die andere 21 Solids bezahlt.
25

Dies ist die zehnte Präposition in Cuiaw: 100 und sechzig, in Eyghen einhundertsechzig

Lehnbuch Bischof Johannes II. Bose, fol. 51v

Conr(adi) de Michen. P(ri)mo unam cur(iam) sedilem in Michin. It(em) 6 1/2 manßos. It(em) prata 4 agris. Item 5 fl cens(us). It(em) feuda sup(er) tria quartalia lehingut(is). I (?).# Item 4 cur(ias) desolatas.

Lehnbuch Bischof Johannes II. Bose, *fol. 65v*

Blasius Walchusin. Id(em) r(e)cepit in feud(um) eyne wese hind(er) deme slosse zcu Luczczen. It(em) 10 gr zcinses zcu Luczcze(n). It(em) 1 1/2 hufe in Michen flure. It(em) 2 capphan zcinses zcu Michen. It(em) eyne(n) garte(n) zcu Michen.

Lehnbuch Bischof Johannes II. Bose, *fol. 92r*

Bartholome(us) Heldorff et fr(atr)ib(us). D(ominus)[a] (contulit) eisd(em) iure pat(er)no et he(re)ditar(io) 6 ma(n)s(os), 1 cur(iam) in camp(is) et ville Michen sit(os). Ex p(os)t [b]ex petic(i)o(n)e Barth(olomei) et[b] sp(e)c(i)ali gra(cia) d(ominus) in-feudavit[c] Luca(m) Heldorff nepote(m) ei(us)d(em) Barth(olomeus) et eosd(em) fr(atr)es (con)iu(n)cta man(u).

1448 April 7.

Urkunde Nr. 525: Einige Domvikare leihen Balthasar Walchhausen zu Meyhen ½ Hufen zu Räpitz als Erbgut.

1460 November 14

Lehnbuch Bischof Johannes II. Bose, *fol. 94v*

Hansen, Lorencz und Wenczlaw von Trupicz. Anno etc. lx fe(r)ia sex(ta) p(ost) Martini d(omi)n(u)s (contulit) eisd(em) (con)iu(n)cta man(u) ex vendic(i)on(e) et r(e)sig(na)c(i)on(e) Barth(olomei) Heldorff suor(um) fr(atru)m et Luce Heldorff 6 ma(n)s(os), 1 cur(iam) in camp(is) ville Michen salvis re(e)mpc(i)on(is) i(n) eisd(em) ma(n)s(is) a d(omi)no (re)qui(si)t(is). It(em) eosd(em) Trupicz (con)iu(n)cta man(u) infeodat cu(m) o(mn)ib(us) bonis in Schitebur(e) et Michen ab ecc(les)ia Mers(eburgensi) habit(is) et p(er) eosd(em) possessis.[26]

1462 August 10

Lehnbuch Bischof Johannes II. Bose, fol. 98v

Caspar Czweym. Anno etc. lx s(e)c(un)do, f(eria) 3ª Clement(is)[a] (contulit) ei d(omi)n(u)s ex dimission(e) Ticze Kalriß tutor(is) h(e)r(e)du(m) Hanß Ochsen 1 ma(n)s(um) et 2 cur(iam) in Michen.

---

[26] Sehr frei vom Autor übersetzt:
Jahr usw Am sechsten Tag darauf beriet der Herr Martin mit ihnen über den Verkauf und Rücktritt seiner Brüder Bartholomäus Heldorff und Luce Heldorff, 1 Gericht in der Ebene der Stadt Michen, unter Berücksichtigung der Rückzahlungsforderungen des dortigen Meisters Wohnungen.
Ebenso, dass derselbe Trupicz, während alle Güter in Schitebure und Michen von der Kirche von Merseburg gehalten wurden, zusammen mit ihrer Hand mit ihnen alle Güter vortäuscht, die sie besitzen.

1468 Januar 22

Bischof Thilo belehnt Caspar von Zweimen mit Acker zu Michen.
LB Thilo, fol. 19.

1471 März 15

Belehnung des Hans von Zweimen mit 3 Hufen zu Michen, gekauft von Caspar von Zweimen. LB Thilo, fol. 50b.

1472 Februar 28

Hans und Christofel von Zweimen belehnt mit Sattelhof zu Michen und 6 Hufen, verkauft von denen von Traupitz. LB Thilo, fol. 52b

1474

Hans von Zweimen zu Meichen 3 alte Schock 5 gr ad memoriam Heinrich Piskers für 40 Goldgulden. Register der Urkunden, fol. 101, 376, 399v, 458.

1475 Juni 17

Caspar und Balzer von Görschen belehnt mit Sattelhof zu Michen, gekauft von Hans von Zweimen. LB Thilo, fol. 56.

1477

Bischof Thilo verhandelt mit den Gemeinden Starsiedel, Eisdorf, Kitzen, Quesitz, Seegel, Seebenisch, Döhlen, Meuchen, Räpitz,

Ostrau, Lennewitz und Spergau über die dem Lützener Schloß-vorwerk zu leistenden Frondienste. Just II, 1, fol. 225.

1483

Caspar und Balzer von Görschen belehnt mit einer Hufe zu Michen, gekauft von Gregor Lehmann. LB Thilo, fol. 56.

1487 Januar 10

Dietrich von Meichen belehnt mit Sattelhof zu Michen.

LB Thilo, fol. 101.

1498 Oktober 30

Balthasar von Görschen wird belehnt mit Sattelhof zu Michen, 2 wüsten Höfen und 6 Hufen und 1 Hufe zu Kleingörschen, 1 Hof mit 2 Hufen, Teich, 3 Acker Wiesen und Weide, 2 Ackern Holz.

Blesing von Görschen mit Sattelhof zu Kleingörschen, Baum- und Krautgarten, 6 Hufen, 4 Ackern Wiese, 4 Ackern Weide, 2 Ackern Holz in Kleingörschen.

LB Thilo, fol. 126

1499 Oktober 30

Belehnung des Jörg Bose zu Ammendorf, wohl auch mit Gütern in Meuchen.

LB Thilo, fol. 130b

1513

Dietrich von Görschen hat den freien Sattelhof zu Meychen verkauft an Hans und Dietrich von Görschen, die belehnt werden.

LB Thilo, fol. 152.

1523 Oktober 21

Christoph Lutzener wird mit dem Sattelhof in Michen und 5 Hufen belehnt.

LB Bischof Adolf, fol. 23b.

MITTELALTER UND NEUZEIT BIS ZUM ENDE DES 2. WELT-KRIEGS

Das frühe Mittelalter

Aus der Zeit zwischen dem 6. Jhd. und 1050 (gemeinhin als Früh-mittelalter bezeichnet) liegen für Meyhen noch keine gesicher-ten Erkenntnisse vor. Die Lage an einem Fernweg lässt den Schluß zu, dass es bereits zu dieser Zeit Siedlungstätigkeiten in Meyhen gab.

Hochmittelalter

Mit Hochmittelalter wird die von der Mitte des 11. Jahrhunderts bis zur Mitte des 13. Jahrhunderts dauernde Epoche im Mittel-alter bezeichnet (zirka 1050 bis 1250). Auch für diese Zeit liegen aus Meyhen keine gesicherten Erkenntnisse vor. Die Gestaltung des Dorfes lässt vermuten, dass dies aus den Resten einer früh-mittelalterlichen slawischen Siedlung entstanden ist, die bereits während dieser Zeit in Meyhen bestanden haben muss. Ab 1269 ist eine erste gesicherte Benennung belegt.

Das Spätmittelalter

Als Spätmittelalter wird der Zeitraum der europäischen Geschichte von der Mitte des 13. bis zum Ende des 15. oder Anfang des 16. Jahrhunderts bezeichnet (also ca. 1250 bis 1500). In diesen Zeitraum fällt die (derzeit) gesicherte Erstnennung von Meyhen als Eigentum des Stifts Merseburg.

Im 14. und 15. Jhd. lag Meyhen im Königreich Böhmen:

Abbildung 22 Das Heilige Römische Reich um 1400 Quelle: Wikipedia

Dazu schreibt der Heimatverein Räpitz e.V.[27]:

„Für die Zeit und den Bereich des Auftretens der graublauen Keramik ist eine stärkere Brandschicht nachzuweisen, was vermuten lässt, dass der westliche Dorfteil im 14./15. Jahrhundert einen Brand erlitt; in der Folge wurde wohl der dort gelegene Teich mit Brandschutt verfüllt. Eine der urkundlichen Erwähnungen des Dorfs erfolgte am 7. April 1448. Danach liehen Vikare der Domkirche zu Merseburg Baltzer Welthusen zu „meyen", der damit auch der erste namentlich bekannte Einwohner ist, ½ Hufe im benachbarten Räpitz als Erbgut. Vermutlich handelte es sich bei Baltzer um den Dorfschulzen (-richter), der einen größeren Besitz hatte. Zum Ursprung des Dorfes vgl. „Ersterwähnung".

Wie aus der Urkunde weiter hervorgeht, unterstand das Dorf dem Bistum Merseburg. Ihm waren die Bewohner abgaben- und dienstpflichtig. Im Protokoll der Kirchenvisitation 1545 bei Einführung der Reformation wurde Meyhen ein zur Pfarre Schkeitbar gehörendes Dorf genannt. Zur Visitation 1562 zählte es 14 wohnhafte Wirte, d. h. etwa 14 Gehöfte mit 70 Bewohnern, 1578 waren es 17 Wirte. Das blieb in etwa die Größe des Dorfs über Jahrhunderte hinweg.

(...)

Neben den Familien der Gehöftbesitzer gab es nun auch Gesinde ohne Hof und Land. So sind 1591 Thomas Junghans, Knecht des Pfarrers zu Quesitz, als Hausgenosse in Meyen und 1601 Anna, Portius Bocks Magd von Meyhen, nachweisbar. Zu 1601 ist erstmals ein Hirt namens Valten Schmidt und 1637 ein Schenke zu „Meihen" erwähnt.

---

[27] Vgl. auch http://www.raepitz.de/index.php/meyhen

Zu den Besonderheiten des Orts, der um 1568 als sog. Amtsdorf dem Amt Lützen unterstellt war, gehört, dass er weder Kirche, Friedhof noch Hospital besaß; diese Einrichtungen befanden sich in Schkeitbar. Die Hebamme „hießiger Orte" kam, nachweislich 1784, aus Seebenisch. Nur Unterricht hielt man wohl zunächst als Reiheschule in den Bauernstuben Meyhens (auch zur Verpflegung des Lehrers).

Mit zunehmenden Verbindungen der Menschen wuchs die Seuchengefahr. So starben 1599 in Meyhen mehrere Personen an Diphtherie. 1613-14 erfasste die Pest die Orte des Kirchspiels, die in Meyhen 8 Todesopfer forderte. 1697 starben mehrere an den Pocken und 1707 sechs Einwohner an Lienteria (Milzerkrankung). 1778-79 gab es wegen Blattern und 1785 wegen Masern Opfer.

Hoch war die Kindersterblichkeit. So büßte z.B. Mats Querkel zwischen 1592 und 1596 drei Kinder ein."

30 Jahre Krieg, Hunger und Seuchen

Vor dem Dreißigjährigen Krieg lebten in Mitteleuropa 15 bis 16 Millionen Menschen, im Jahr 1648 waren es weniger als 12 Millionen.

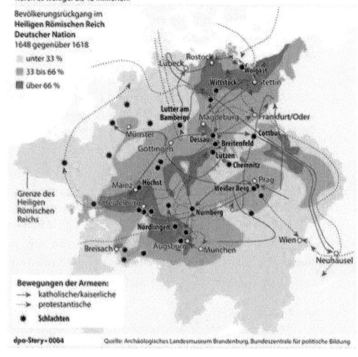

Bevölkerungsrückgang im
Heiligen Römischen Reich
Deutscher Nation
1648 gegenüber 1618

- unter 33 %
- 33 bis 66 %
- über 66 %

Grenze des
Heiligen
Römischen
Reichs

Bewegungen der Armeen:
- katholische/kaiserliche
- protestantische
- Schlachten

dpa-Story • 0084   Quelle: Archäologisches Landesmuseum Brandenburg, Bundeszentrale für politische Bildung

Abbildung 23 Bevölkerungsrückgang im 30jährigen Krieg

Die erste Schlacht nahe Meyhen

Ein bedeutendes Ereignis fand zum Ausklang des Spätmittelalters ganz in der Nähe von Meyhen statt: Die Schlacht bei Lützen. Sie war eine der Hauptschlachten des Dreißigjährigen Krieges. Die Schlacht fand am 6. November[jul.] / 16. November 1632[greg.] bei Lützen zwischen einem protestantischen, überwiegend schwedischen Heer unter Führung des schwedischen Königs Gustav II. Adolf und den überwiegend katholischen kaiserlichen Truppen unter Albrecht von Wallenstein statt.

Hierzu schreibt die Geschichtsforschung:

Nach der Aufhebung des monatelangen Lagers von Nürnberg und der Schlacht an der Alten Veste hatte sich Wallenstein gegen Sachsen gewandt, wohin ihm Gustav Adolf durch Thüringen gefolgt war, um einen Abfall des Kurfürsten Johann Georg I. von Sachsen aus dem protestantischen Lager zu verhindern.

Gustav Adolf besetzte Erfurt und schlug bei Naumburg (Saale) ein verschanztes Lager auf, wie im Sommer in Nürnberg. Wallenstein bezog im nahen Weißenfels Aufstellung, doch Gustav Adolf machte keine Anstalten, sich einer Schlacht zu stellen. Seine weiteren Absichten erschienen unklar, ob er mit seiner Armee in Naumburg und Erfurt überwintern wolle, was Wallenstein vermutete, oder ob er weiter nach Osten, Richtung Halle oder gegen die Elbe vorstoßen würde, um sich mit den jenseits der Elbe operierenden 12.000 Mann der sächsischen Armee unter Arnim zu vereinen.

Wallenstein verlegte nun sein Lager nach Lützen, wo er die befestigte Stadt Leipzig im Rücken hatte, und begann bereits, sein Heer für die Überwinterung auf strategisch wichtige Städte Sachsens zu verteilen. Einerseits wollte er einen Sperrriegel zwischen die schwedische Armee und die Elbe legen, andererseits sich die Rückzugswege nach Böhmen offenhalten. So schickte er am 15. November Pappenheim mit seinen Einheiten nach Halle, während Gallas weiter die Elbe zwischen Meißen und Pirna sowie die Erzgebirgspässe sicherte. Den Elbübergang bei Torgau zu besetzen, gelang ihm aber nicht, da Georg von Lüneburg dort bereits mit etwa 6.000 Mann eingerückt war. Oberst Hatzfeldt ging mit vier Regimenter nach Eilenburg, Colloredo sollte mit einigen Kompanien Infanterie und Kroaten Weißenfels verstärken, Holks Reiter nach Westfalen und an den Rhein gehen, um dort neue Truppen für das nächste Frühjahr zu werben. Erhebliche Teile des kaiserlichen Heeres hatte Wallenstein jedoch, aus diversen Gründen, im Reich verstreut stehen, vom Elsaß über die Oberpfalz bis nach Niedersachsen sowie in Oberschlesien; in ganz Sachsen verfügte er nur über etwa 35.000 Mann.

Gustav Adolf brach am 15. November gegen 4 Uhr morgens von Naumburg auf, um zwischen den kaiserlich gehaltenen Städten hindurch zur Elbe vorzustoßen und sich dort mit den aus Schlesien kommenden Sachsen zu vereinen. Als Colloredo gerade Richtung Weißenfels aufbrach und das Flüsschen Rippach überquert hatte, stieß er in den Morgenstunden des 15. November plötzlich auf die schwedische Hauptarmee. Gustav Adolf erfuhr von Gefangenen, dass die Wallensteinsche Armee bereits aufgeteilt und damit geschwächt war – vor allem, dass Pappenheim mit der Elite der kaiserlichen Reiterei nicht mehr bei der Hauptarmee Wallensteins war. Sofort wollte er auf Lützen vorrücken,

Colloredo konnte jedoch durch die Verteidigung zweier Brücken über die Rippach einen sofortigen Vorstoß der Schweden verzögern, so dass es erst am Folgetag zur Schlacht kam.

Boten von Colloredo wiederum informierten Wallenstein über die heranrückende schwedische Streitmacht. Mit dringlichen Briefen beorderte dieser seine Truppen, insbesondere Marschall Pappenheim zurück: „Der feindt marschiert hereinwarths der herr lasse alles stehen und liegen und incaminiere sich herzu mit allem volck..." Die Heere nahmen über Nacht nur wenige 100 Schritte voneinander entfernt Aufstellung. Pappenheim schaffte es trotz Eilmarsch nicht, noch in der Nacht zur Hauptarmee zu stoßen.

Abbildung 24 Kärtchen zur Schlacht bei Lützen (16. Nov. 1632)

Politisch wesentliche Folge der Schlacht war der Tod Gustav Adolfs auf dem Schlachtfeld. Auch die Kaiserlichen verloren mit Gottfried Heinrich zu Pappenheim einen prominenten Heerführer. Rein militärisch gesehen war die Schlacht ohne entscheidende Bedeutung - ein eigentlicher Sieg war auf keiner Seite erfochten worden. Die Schweden hatten das Feld behauptet, die Kaiserlichen sich zurückgezogen. Beide Seiten hatten erhebliche

Verluste an Toten und Verwundeten erlitten. Angaben über Gefangene gibt es nicht.

Auf dem Schlachtfeld verblieben nach dem Rückzug die 21 Wallensteinschen Kartaunen, die sämtlich an die Schweden verloren gingen. Zwar lagerten die Schweden nicht direkt auf dem Kampfplatz, so dass die abends eintreffende Pappenheimsche Infanterie die Geschütze wohl hätte bergen können, doch fürchtete Wallenstein den Anmarsch sächsischer und lüneburgischer Truppen und wollte für den weiteren Rückzug in die Stadt Leipzig keine Zeit verlieren.

Für Meyhen war die Schlacht sicher eine der größten Herausforderungen für die Dorfgemeinschaft.

Nach dem Dreißigjährigen Krieg waren viele sächsische Städte und Dörfer zerstört, große Verluste an Menschenleben waren zu beklagen, das Land war verarmt und die Staatskasse leer. Allerdings erholte sich der Kurstaat aufgrund seiner natürlichen und politischen Voraussetzungen (gute Böden und reiche Erzvorkommen auf der einen, eine gut organisierte Verwaltung auf der anderen Seite) schneller als andere Territorien des Reiches von den Folgen des Krieges. Eine wichtige Komponente für den Wiederaufstieg Sachsens stellten die aus den habsburgischen Territorien in den Kurstaat einströmenden Exulanten dar, durch die der Bevölkerungsverlust aus den Kriegszeiten schneller ausgeglichen werden konnte. Das technische Know-how der Exulanten und ihr Gewerbefleiß kurbelten die Wirtschaft an.

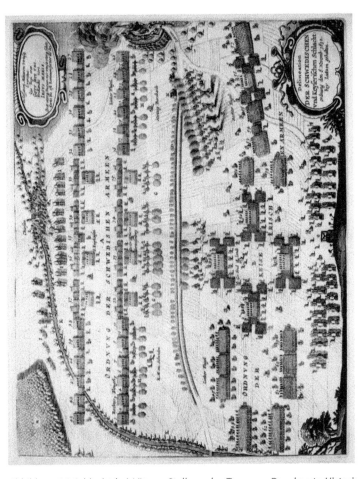

Abbildung 25 Schlacht bei Lützen, Stellung der Truppen. Danckaerts Historis 1642, Meyhen ist hier eingezeichnet

Die zweite Schlacht nahe Meyhen

Eine weitere Schlacht bei Großgörschen (französisch bataille de Lützen ,Schlacht bei Lützen' genannt) war nach der katastrophalen Niederlage Napoleons im Russlandfeldzug 1812 die erste Schlacht der Befreiungskriege und fand am 2. Mai 1813 auf den Ebenen bei Lützen statt. Vorangegangen waren das russisch-preußische Neutralitätsbündnis durch die Konvention von Tauroggen vom 30. Dezember 1812, die preußische Kriegserklärung vom 27. März 1813 und das für die Verbündeten siegreiche Gefecht bei Möckern am 5. April 1813. Hier war Meyhen nachweislich mit involviert.

Nachdem Preußen am 27. März 1813 an das Kaiserreich Frankreich den Krieg erklärt hatte, hatte Napoleon I. in Frankreich bereits etwa 150.000 Mann mit 350 Geschützen neu ausgehoben, während der Vizekönig von Italien, Eugène Beauharnais mit weiteren 40.000 Mann der alten Armee an der Elbe operierte.

Napoleon war zur Eröffnung des Frühjahrsfeldzuges am 16. April in Mainz (damals als französisch besetztes Mayence Hauptstadt des Département Donnersberg) eingetroffen. Die Hauptarmee sammelte sich bei Hanau und zog von dort mit sechs in Kolonnen marschierenden Armeekorps nach Sachsen. Am 26. April verlegte Napoleon sein Hauptquartier nach Erfurt. Am 29. April erreichte er Naumburg, am 30. April Weißenfels und am 1. Mai Lützen, wo er die Nacht am Denkmal für den 1632 gefallenen Schwedenkönig Gustav II. Adolf verbrachte. Dieser demonstrative historische Bezug führte auch dazu, dass in Frankreich diese Schlacht als la bataille de Lützen bezeichnet wird.

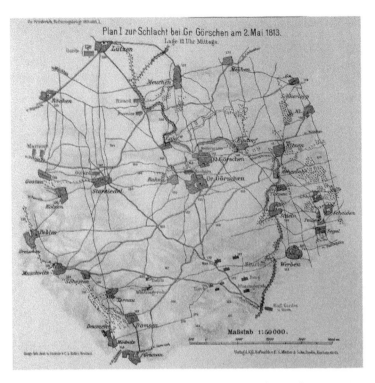

Abbildung 26 Von unbekannt - Rudolf Friederich: Die Befreiungskriege 1813-1815, Berlin 1911., PD-alt-100, https://de.wikipedia.org/w/index.php?curid=5425423 Plan der Schlacht von Großgörschen, Ausgangslage um 12 Uhr; eingezeichnet ist Meyhen

Beide Seiten hatten bezüglich Aufmarsch und Aufenthalt der gegnerischen Truppen nur ungenaue Kenntnis. Napoleon hatte seine Truppen auf etwa zehn Quadratkilometern im Umkreis von Lützen verstreut. Weil er über zu wenig Kavallerie für die Aufklärung verfügte, vermutete er die Hauptkräfte der Verbündeten bei Leipzig und ließ den Vizekönig von Italien (V., VI. und XI. Korps) am 2. Mai noch weiter in Richtung Leipzig vorrücken. Ney hatte seine Truppen in die Ortschaften Großgörschen,

Kleingörschen, Rahna und Kaja (Ortsteile von Lützen) gelegt, um die rechte Flanke der Franzosen zu decken. Eine Flankensicherung war notwendig, weil die Alliierten bereits südlich auf dem östlichen Ufer der Weißen Elster standen und die Straße von Weißenfels nach Leipzig bedrohten. Neys Truppen zählten fünf Divisionen mit 45.000 Mann, die Kavallerie-Brigade Kellermann sicherte die linke Flanke und die Division Marchand rückte zunächst als Reserve in Richtung Meuchen ab. Ney wurde angewiesen, seine Stellungen um jeden Preis zu halten. Das französische XII. Korps befand sich am 2. Mai erst auf dem Vormarsch von Naumburg auf Weißenfels und konnte deshalb nicht mehr in die Kämpfe eingreifen. Als Napoleon den Schwerpunkt der feindlichen Truppenkonzentration nach Beginn der Schlacht erkannte, kehrte er mit der Hauptmacht um und griff noch rechtzeitig in die Schlacht ein.

General Souham kommandierte Neys Truppen (Division Brenier, Girard und Ricard) in Vertretung. Sie wurden zur Mittagszeit von Süden her vom Korps Blücher (18.500 Mann und 5.500 Reiter) in der rechten Flanke angegriffen. Die Preußen konnten zunächst alle vier Orte nehmen, mussten sie aber am frühen Nachmittag nach wechselvollen Kämpfen wieder räumen. Die Brigade des Obersten Klüx wollte nur Schritt für Schritt zurückweichen, bis die rechts eingreifende Brigade Zieten zur Unterstützung herankam. General Souham verstärkte seine Division mit frischen Truppen der Generale Brenier und Ricard und begann heftige Gegenangriffe. Blücher musste die oberschlesische Brigade unter General Zieten ins Gefecht einführen. Scharnhorst und andere preußische Generale beteiligten sich persönlich an den hartnäckigen Kämpfen in Klein-Görschen und Rahna. Die Reservebrigade unter Oberst Dollfs versuchte währenddessen den Angriff auf das Dorf Starsiedel, das von der französischen Division Girard besetzt war. Bei diesem Angriff warf sich auch Prinz Wilhelm von Preußen mit seinem Brandenburger Kürassier-Regiment ins Gefecht und drängte ein gegnerisches Bataillon auf Starsiedel zurück. Die immer zahlreicher eintreffenden Truppen der französischen Hauptmacht veränderten das Kräfteverhältnis aber zu Gunsten Napoleons, so dass der alliierte Oberbefehlshaber General Wittgenstein die Initiative des Handelns verlor. Die ermüdeten gegnerischen Truppen zwischen Klein-Görschen und Kötzen warteten darauf, wie sich der Kampf um Kaja entwickelte.

Um 14.00 Uhr erschien auf dem Schlachtfeld bei Starsiedel die Spitze des VI. Korps Marmont, gleichzeitig kam Napoleon bei Kaja an, wo schon preußische Truppen ins Dorf eindrangen. Nach Ankunft der Hauptmacht begann man mit dem Gegenangriff auf die vier Dörfer. Vor der Ankunft des Korps Marmont, Bertrand und Macdonald standen den Alliierten nur etwa 45.000 Franzosen gegenüber, aber General Wittgenstein nutzte die anfangs zahlenmäßige Überlegenheit nicht aus. Marschall Marmont hielt den Augenblick für noch nicht gekommen, den Angriff seiner Divisionen unter General Compans und Bonet auf Starsiedel zu beginnen. Souhams Truppen gelang es währenddessen, die preußisch-russischen Truppen wieder aus den Orten zu vertreiben. Erst als General Blücher seine Reservetruppen unter General Yorck einsetzte, gelang den Preußen die Rückeroberung der verlorenen Dörfer Kleingörschen, Eisdorf und Kaja. Auf dem rechten Flügel beim angekommenen französischen IV. Korps unter Bertrand war um 16 Uhr westlich von Muschelwitz die Division Morand eingetroffen und griff bei Söhesten die linke

Flanke des russischen Korps Berg an, die von der Kavallerie unter General Wintzingerode gedeckt wurde.

Gegen 17.00 Uhr trafen von Nordosten her auch die Truppen des XI. Korps unter Marschall MacDonald am Schlachtfeld ein. Die Divisionen Gerard und Fressinet waren über Markranstädt in Gewaltmärschen gegen die rechte Flanke der Verbündete auf Meyhen vormarschiert und konnten den Russen den Ort Eisdorf wieder entreißen. Um 17.30 Uhr waren die im Zentrum abgekämpften Preußen nicht mehr in der Lage die Angriffe fortzusetzen, die Russen sollten mit frischen Truppen in die Schlacht eingreifen. General Wittgenstein sah sich an der linken Flanke durch das bei Starsiedel stehende Korps Marmont zusätzlich bedroht und gab nur das 2. Infanteriekorps unter Eugen von Württemberg mit den Divisionen der Generale Saint-Priest und Schachowski zum Gegenangriff frei. Den Franzosen am rechten Flügel standen jetzt nur noch das 1. Infanteriekorps unter General von Berg und die Masse des russischen Reserve-Kavalleriekorps unter dem Fürsten Golitzyn gegenüber.

Um 18.30 Uhr trafen auf französischer Seite weitere Verstärkungen des Vizekönigs von Italien ein. Auch ohne die Truppen Oudinots konnte Napoleon am Nachmittag den Verbündeten etwa 125.000 Mann entgegensetzen. Die Divisionen des russischen Grenadierkorps unter General Konownitzin wurden zu spät zur Verstärkung herangeführt und wurden vor Eisdorf von den Franzosen zurückgeworfen. Die von General Souham aus Meuchen zurückbeorderte frische Division Marchand wurde in der Mitte nach vorn gezogen und eroberte im Häuserkampf Kleingörschen zurück. Der im Kampf verwundete General Blücher musste das Schlachtfeld verlassen, General Yorck übernahm darauf die Leitung der Preußen. Beim umkämpften Dörferviereck ließ

Napoleon zur Erzwingung des vollständigen Sieges endlich auch die Gardetruppen unter General Dumoustier vorrücken. Etwa 80 Geschütze unterstützten den erfolgreichen Angriff von 16 Bataillonen der alten und jungen Garde. Am späten Abend war das Schlachtfeld großteils in der Hand der Franzosen; nur das Dorf Großgörschen sollte durch die Preußen noch durch die Nacht behauptet werden.

Die Schlacht sollte am nächsten Morgen von den Verbündeten fortgesetzt werden, aber Wittgenstein versammelte den Generalstab der Verbündeten auf einer Anhöhe vor dem Dorf Werben bei Pegau. Nach den eingehenden Meldungen war das französische V. Korps unter General Lauriston bereits in Leipzig eingedrungen, die Gefahr einer Umfassung der verbündeten Truppen drohte und die Munition wurde knapp. Wittgenstein begab sich zu den Monarchen nach Groitzsch und erhielt für den 3. Mai die Erlaubnis zum Rückzug, der über Altenburg nach Dresden erfolgte.

Napoleon hatte einen „Sieg" errungen, den er dringend benötigte. Die Verluste dafür waren aber sehr hoch und Napoleon erreichte nicht sein Hauptziel, die Verbündeten entscheidend zu schlagen. Am 8. Mai räumten die Verbündeten Dresden und zogen über die Elbe nach Schlesien ab; ganz Sachsen fiel wieder unter die Herrschaft Napoleons.

Der Mangel an französischer Kavallerie bedeutete, dass es keine Verfolgung gab. Napoleon verlor etwa 20.000 Mann, während die Preußen 8.500 und die Russen 3.500 Tote, Verwundete und Vermisste beklagten. Die Verluste der Verbündeten hielten sich dank der wirkungsvollen Artillerie und Kavallerie in Grenzen.

Abbildung 27 Ansichtskarte aus dem Jahre 1899

Abbildung 28 Vorderseite der Ansichtskarte

Industrialisierung

Als Industrialisierung bezeichnet man den Übergang von der Handarbeit orientierten zur maschinenorientierten Tätigkeit.

Kennzeichnend für diesen Vorgang sind mechanischer Antrieb anstelle von biologischem. Als Beispiel ist dafür die Dampfmaschine zu nennen. In der Textilindustrie wird das Spinnrad durch eine Spindelmaschine, ein Handwebstuhl durch einen Maschinenwebstuhl ersetzt. Auch gab es neue technische Verfahren in der Eisenerzeugung und dessen Verarbeitung.

Als industrielle Revolution bezeichnet man eine Industrialisierung, wenn sie stürmisch und innerhalb weniger Jahre abläuft.

Über die zeitliche Einordnung der Industrialisierung in Deutschland und Sachsen des 19. Jahrhunderts gibt es verschiedene Meinungen. Verschiedene Historiker legen den Beginn der industriellen Revolution in die Mitte der 1830er Jahre, weil sich zum Beispiel in dieser Zeit der „vierte Stand", vermögenslose und lohnabhängige Arbeiter, immer stärker ausdehnte. Außerdem vollzog sich schon in dieser Zeit eine rasche Änderung der Produktionstechniken.

Andere ordnen die Industrialisierung erst rund 20 Jahre später ein, um 1850. Begründet wird dies mit der Aussage, dass sich da die ersten „führenden Sektoren" herausbildeten, zum Beispiel die Textilindustrie, die Nettoinvestitionen nahmen zu und das Nettosozialprodukt stieg.

Für die Industrialisierung Deutschlands, und damit auch Sachsens, gab es verschiedene Gründe und musste es bestimmte Voraussetzungen geben. Als Beispiel wäre da die Gründung des

Deutschen Reiches 1871 zu nennen. Diese Gründung zog viele Vorteile für Unternehmer und Gewerbetreibende nach sich. Natürlich spielt auch die geografische Lage Sachsens mit seinen vielen Erzlagerstätten eine Rolle. Auch die Einführung der Gewerbefreiheit und die bereits vorangegangene industrielle Revolution in England sind wichtige Faktoren, weil England Sachsen damit als Vorbild und auch als Konkurrent diente. Frankreich musste nach dem verlorenen deutsch-französischen Krieg fünf Milliarden Kriegskontribution an Deutschland zahlen und ein Teil dessen gelangte auch nach Sachsen.

Veränderungen im Bereich von Handel und Gewerbe wurden nötig, da die gewerbliche Produktion aufgrund der hemmenden Zunftvorschriften nicht mehr entwicklungsfähig war. Mit dem Oktoberedikt von 1807 wurde deshalb die Gewerbefreiheit in Preußen als erstem Land verkündet. Als letzte deutsche Staaten führten sie 1861 Sachsen, 1862 Baden und Württemberg, 1868 Bayern ein.

Gewerbefreiheit bedeutet, dass jedermann in jedem Umfang, jeden Produktionszweig mit jeder Produktionstechnik eröffnen und betreiben konnte. Dies galt im Allgemeinen auch für Frauen.

Dies bedeutete die Aufhebung der Zünfte in der alten Form, Konkurrenz und das Risiko des wirtschaftlichen Untergangs. Die ständischen Beschränkungen wurden aufgehoben und es war keine fachliche Ausbildung als Voraussetzung für ein Gewerbe mehr gefordert. Außerdem waren keine Konzessionsgenehmigungen vom Staat mehr erforderlich.

Die Gewerbefreiheit setzte Arbeitskräfte frei, die eine wichtige Voraussetzung für die Entwicklung der Industrie waren. Sie waren die künftigen Lohnarbeiter. Die Gewerbefreiheit machte den Weg frei für Eigeninitiative und Unternehmergeist. Wie die Bauernbefreiung schuf sie jedoch andererseits durch ihre negativen Auswirkungen wesentliche Voraussetzungen für die industrielle Revolution.

Die Gründung des Deutschen Reiches bedeutete für Händler und Unternehmer eine große Erweiterung des Absatzmarktes ihrer Waren. Denn vorher war der Export in andere deutsche Staaten nicht rentabel genug, weil die kleinen Staaten viele Zollgrenzen hatten und man jedes Mal bezahlen musste. Außerdem wurde das metrische System eingeführt, was das zeitaufwändige Umrechnen von Maßen und Gewichten ersparte. Endlich erhielt Deutschland auch eine einheitliche Währung. Dies alles erleichterte den Handel zwischen deutschen Staaten und trug sehr zur Verbreitung der Industrialisierung bei.

Abbildung 29 Maschinen in Leipzig, Foto: SGM

Technische Neuerungen und Erfindungen sind, wenn sie mit Erfolg in den Produktionsprozess eingeführt werden, in den meisten Fällen das Ergebnis einer langfristigen Erprobung. Daher gehen die meisten technischen Neuerungen, die in ihrer Summe den Kern der Industrialisierung darstellen, auf eine bereits im 18. Jahrhundert und früher begonnene Entwicklung zurück. Als populärstes Beispiel kann man die Erfindung der Dampfmaschine 1763 von James Watt nennen. Sie wurde nötig, weil die Brennstoffversorgung mit Holz nicht ausreichte und die technischen Entwicklungen für das Fördern von Kohle noch nicht so weit entwickelt waren. An der Wende zum 19. Jahrhundert begann dann auch der Einsatz der Dampfmaschine als Antriebsaggregat in der übrigen Wirtschaft. Die Eisenbahn und das Dampfschiff veränderten dann im zweiten Drittel des 19. Jahrhunderts auch den Transportsektor.

Auch die Maschinen der Textilgewerbe trugen stark zur Industrialisierung bei. Bei der Herstellung von Textilien und Textilprodukten sind es vor allem drei Arbeitsgänge gewesen, die man durch Maschinen zu beschleunigen und verbilligen versuchte: die Garnherstellung (vom Spinnrad zur Spindelmaschine), die Gewebeherstellung (vom Handwebstuhl zum Maschinenwebstuhl) und die Verarbeitung der Gewebe (Erfindung der Nähmaschine 1830).

Durch den Wegfall der Zollgrenzen wurde Sachsens Textilindustrie ein großer innerdeutscher Markt eröffnet. In den Jahren 1834-37 stieg die Zahl der Baumwollspinnereien in Sachsen von 91 auf 130, außerdem entstanden zwischen 1834-39 102 neue Betriebe in der Wollspinnerei.

Die Textilindustrie konnte Aufschwung nehmen, obwohl sie sehr abhängig von Rohstoffimporten war und es zeitweilig schwere Absatzkrisen gab. Außerdem erschwerte die harte Konkurrenz aus England den Verkauf der Waren. Deshalb war der Aufschwung auch nur möglich, da den Arbeitern die niedrigsten Löhne überhaupt gezahlt wurden, weshalb sich auch der mechanische Webstuhl nur langsam durchsetzte.

Abbildung 30 Geschäftsdrucksache aus dem Jahre 1909

Dank dieser Kriterien beherrschten die Textilien aus Sachsen den Zollvereinsmarkt und fanden trotz des englischen Marktes ihren Absatz in die USA und den Orient. Sachsen stieg in der Mitte des 19. Jahrhunderts zum Zentrum der Textilindustrie auf. Drei Viertel der Arbeiter waren 1846 in ihr beschäftigt. Um 1860 wurde auch der mechanische Webstuhl immer populärer. Waren es 1861 erst 3 000 Stück, so wurden 1875 schon rund 17 000 Stühle benutzt. In der Baumwollindustrie stieg die Spindelzahl von 1846-1861 um zirka 50 %, obwohl in Sachsen nur noch ein Drittel aller Spindeln des gesamten Zollvereins liefen, weil viele Spinnereibesitzer vor den hohen Kosten für die Anschaffung einer teuren „Selfaktor-Spindelmaschine" zurückschreckten, solange bei den extremen Niedriglöhnen noch genug Profit gemacht wurde.

Als Ergänzung zur Textilindustrie entstand der Maschinenbau. Er begann sich mit fortschreitender Industrialisierung als profilbestimmender Wirtschaftszweig für Sachsen zu entwickeln. Chemnitz, das „Sächsische Manchester", wie es häufig bezeichnet wird, war die Hochburg dieser Industrie. Dort wurden in 24 Fabriken rund 5 000 Arbeiter beschäftigt. Die Maschinenbaufabrik von Richard Hartmann, „Maschinenbau-Compagnie", entwickelte sich zu einen der leistungsfähigsten Betriebe. Er beschäftigte 1845 zirka 350 Arbeiter. Mehr als drei Viertel der in Sachsen gebauten Dampfmaschinen stammten aus acht Chemnitzer Werkstätten.

Schwach entwickelt war die Rohstoffbasis für die Schwerindustrie. Die Eisenförderung betrug nur drei Prozent der Zollvereinsstaaten, die Hochofenförderung sogar nur ein Prozent. Revolutionierende Veränderungen im Montanbereich (Bergbau, Hüttenwesen) setzten sich nur langsam durch. Als das Zwickauer und Lugau-Oelsnitzer Steinkohlenrevier eröffnet wurde, stieg das Steinkohleaufkommen beträchtlich. Bei Zwickau wurde eines der modernsten Hüttenwerke, die „Königin Marienhütte", errichtet. Dies war notwendig, um die Schwerindustrie weiter voranzutreiben. Sachsen erlangte dadurch im sich zunehmend spezialisierenden Maschinenbau eine starke Position, darunter besonders Chemnitz. In Leipzig und Dresden siedelten sich ebenfalls Maschinenbaufabriken an, wie zum Beispiel die landwirtschaftliche Maschinenbaufabrik in Plagwitz von Rudolf Sack und die erste Nähmaschinenfabrik von Clemens Müller.

Die sächsische Wirtschaft verdankt ihren Aufschwung vor allem auch dem deutschen Eisenbahnbau, dessen Vorkämpfer Friedrich List war. Er warb leidenschaftlich gerne für den Bau einer Eisenbahnstrecke von Leipzig nach Dresden als Grundlage für das deutsche Eisenbahnsystem. List war Volkswirtschaftler und Politiker und Propagandist des deutschen Zollvereins. Führende Vertreter der Leipziger Handelsbourgeoisie, wie Wilhelm Seyfferth, Albert Du Feronce und Gustav Herkort griffen Projekte auf und begannen ohne nennenswerte Erfahrungen den Bau der ersten deutschen Fernbahn.

Zwei Jahre Planung und drei Jahre Bauzeit waren nötig, um die Strecke fertigzustellen. Dabei wurde auch eine Brücke über die Elbe bei Riesa geschaffen und der erste Eisenbahntunnel bei Oberau gebaut. Die Schienen und Lokomotiven wurden aus England importiert. Eröffnet wurde die Strecke dann am 8. April 1839. Die erste Lokomotive aus Eigenproduktion baute der Maschinenbauunternehmer Prof. Johann Schubert und wurde „Saxonia" getauft. Weitere Bahnbauten verbanden Sachsen mit Bayern, Schlesien und Provinzen Sachsens. Außerdem begann man den erzgebirgischen Raum und Gewerbebereiche südlich der Oberlausitz an das Eisenbahnnetz anzuschließen. Dabei wurden die Göltzschtal- und die Elstertalbrücke gebaut.

Die Bedeutung des Eisenbahnnetzes erkennt man daran, dass die Zahl des Gütertransportes um das nahezu vierzigfache gestiegen ist. Auch wurden viele gewerbereiche Regionen erst durch die Eisenbahnverbindung von der Industrialisierung erfasst. 1870 besaß Sachsen das dichteste Eisenbahnnetz Deutschlands [28] - und hier finden wir wieder Meyhen.

> [28] Borchert, Fritz: „Die Leipzig-Dresdner-Eisenbahn"; Transpress 1989
> de Buhr, Hermann und Regenbrecht, Michael: „Industrielle Revolution und Industriegesellschaft"; Cornelsen Hirschgraben
> Buchheim, Christoph: „Industrielle Revolutionen"; dtv 1994
> Czok, Karl: „Geschichte Sachsens", Hermann Böhlaus Nachfolger 1989
> Forberger, Rudolf: „Industrielle Revolution in Sachsen von 1800-1861", Band 1, 2. Halbband; Akademie Verlag 1982

Exkurs: Die Nebenbahn nahe Meyhen

Unmittelbar hinter Meyhen findet sich die am 1. September 1897 eingeweihte Bahnstrecke (Leipzig-Plagwitz - Lützen). Die Bahnstrecke Leipzig-Plagwitz - Pörsten war eine Nebenbahn in Sachsen und Sachsen-Anhalt. Sie verlief von Leipzig-Plagwitz über Lützen nach Rippach-Poserna (Bahnhof Pörsten) und hatte dort Anschluss an die Strecke Großkorbetha - Deuben. Sie wurde 1999 stillgelegt. Meyhen war an die Bahnlinie von Anbeginn an nicht angeschlossen.

Das Verkehrsaufkommen bestand im Güterverkehr hauptsächlich aus Kohle, Agrarprodukten und Düngemitteln. 1965 wurde der Bahnhof Lützen als Knoten für die Wagenladung eingerichtet. Damit entfiel der Güterverkehr in Lausen, Schkölen-Räpitz, Meuchen und Pörsten. Im Reiseverkehr fuhren 1923 fünf Zugpaare, davon eines nur werktags. Hinzu kam ein Zug Lausen–Pörsten im Berufsverkehr. 1944 rollten täglich sechs Zugpaare, davon an Werktagen zwei und an Sonntagen eines nur auf

➢ Forberger, Rudolf: „Industrielle Revolution in Sachsen von 1800-1861", Band 2, 1. Halbband; Akademie Verlag 1999
➢ Göbel, Rudolf: „Wissensspeicher Physik", Volk und Wissen 2001
➢ Hardtwig, Wolfgang: „Vormärz- der monarchische Staat und das Bürgertum"; dtv 1985
➢ Henning, Friedrich-Wilhelm: „Die Industrialisierung in Deutschland 1800 bis 1914", 8. Auflage; Schöningh 1993
➢ Mommsen, Wolfgang J.: „Weltgeschichte- Band 28: Das Zeitalter des Imperialismus"; Weltbild 2000
➢ Naumann, Günter: „Sächsische Geschichte in Daten"; Koehler & Amelang 1991
➢ Prokasky, Herbert: „Das Zeitalter der Industrialisierung und die Utopie der bürgerlichen Gesellschaft", Schöningh 1999
➢ Sachsenwerk Firmen Chronik
➢ Sächsische Zeitung: vom 17. Oktober 2002, Seite 22
➢ Schnabel, Heinz: „Saxonia – Beschreibung und Rekonstruktion einer historischen Lokomotive"; VEB Verlag für Verkehrswesen Berlin 1989
➢ Starke, Holger: Dresdner Hefte: „Industriestadt Dresden? Wirtschaftswachstum im Kaiserreich"; Dresdner Geschichtsverein e.V. 2000

besondere Anordnung. Einige Züge wurden von Markranstädt her über Lausen bis Leipzig-Plagwitz geleitet. In den 1980er Jahren verkehrten montags bis freitags je neun Personenzugpaare, einer davon als Leerzug; sonnabends sechs und sonntags fünf Zugpaare.

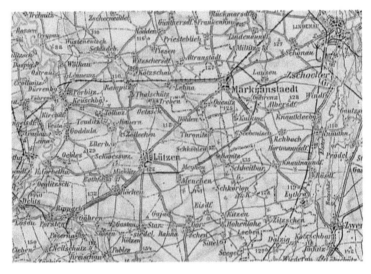

Abbildung 31 Verlauf der Bahntrasse, Meyhen in der Mitte

Bis 1966 gab es pro Tag zwei, zeitweise auch drei Nahgüterzugpaare, wovon eines von Pörsten bis Lützen, die anderen beiden von Leipzig-Plagwitz bis Lützen fuhren. Danach rollte nur noch ein morgendliches Nahgüterzugpaar von Leipzig-Plagwitz nach Lützen, das zunächst täglich und ab Sommer 1980 sonntags bis freitags verkehrte.

Ab 1969 wurde die Strecke in den Fahrplänen unter der Kursbuchnummer 512 geführt. Im Volksmund der Leipziger und der an der Bahnstrecke lebenden Einwohner wurde der Zug als „Lausen-Lützen-London-Express" bezeichnet. Zum

Fahrplanwechsel am 24. Mai 1998 wurde der Reisezugverkehr eingestellt. Die letzte Fahrt fand am 23. Mai 1998 statt.

Auf Antrag der DB Netz AG genehmigte das Eisenbahn-Bundesamt die Stilllegung der Strecke am 23. Juni 1999, am 31. August 1999 wurde die Stilllegung der Strecke von der DB Netz AG vollzogen. Nach der gesetzlichen Wartefrist wurde die Strecke im Jahr 2005 demontiert und später als Radweg ausgebaut, wie sie auch heute noch genutzt wird. Bei Großgöhren sind noch der Geländeeinschnitt bis zum Viadukt, der Viadukt über die Rippach (Fertigstellung im Januar 1898) und der anschließende Bahndamm bis zum stillgelegten Bahnhof Pörsten vorhanden. Ab kurz hinter der Ortsgrenze von Leipzig-Lausen verläuft heute der asphaltierte Elster-Saale-Radweg an Meyhen vorbei auf dem ehemaligen Bahndamm bis zum Ortsanfang Rippach. Vereinzelt sind noch Bahnanlagen zu erkennen.

Der 1. Weltkrieg

1914 hatte Sachsen etwa 5 Millionen Einwohner. Etwa eine Million wehrtauglicher Männer lebten im Land, davon kamen in den vier Kriegsjahren etwa 750.000 zum Einsatz. Das Statistische Jahrbuch 1918/20[29] verzeichnet für den Zeitraum von 1914 bis 1918 125.874 Kriegssterbefälle. Die meisten der im Krieg getöteten sächsischen Soldaten waren zwischen 21 und 25 Jahre alt. Krankheiten und Nahrungsmangel forderten auch unter den Zivilpersonen zehntausende von Opfern. Noch im August 1919 galten in Sachsen 18.000 Personen als vermisst, zum Teil wurde ihr Schicksal nie geklärt.

Die sächsische Armee war im Deutschen Kaiserreich nach der Reichsverfassung von 1871 rechtlich selbständig. Sachsen stellte im Kaiserreich schlagkräftige Truppen, die unter anderem an der erfolgreichen Niederschlagung des Boxeraufstandes in China Anfang des 20. Jahrhunderts beteiligt waren. Die beiden in Sachsen stationierten Armeekorps sowie das sächsische Reserverkorps wurden mit Beginn des Krieges mobilisiert und der 3. Armee angegliedert. Sie unterstand dem Befehl des Generaloberst und sächsischen Kriegsministers a.D. Max von Hausen. Später wurde noch ein sächsisch-württembergisches Reserve-Korps aufgestellt, das zur 4. Armee nach Flandern kam. Im Ersten Weltkrieg wurden insgesamt 18 Infanteriedivisionen und eine Kavalleriedivision der sächsischen Armee aufgestellt.

Die sächsischen Truppen kämpften an zahlreichen Brennpunkten des Ersten Weltkrieges, vorwiegend an der Westfront. Sächsische Truppen kämpften auch in den Schlachten in Nordfrankreich an der Somme und an der Marne. Die Kavallerie kam in der

---

[29] Statistisches Jahrbuch, 44. Ausgabe, Januar 1921, S.74

berühmt gewordenen Schlacht bei Tannenberg 1914 an der Ostfront zum Einsatz.

Abbildung 32 in den Anfängen der 1920 er Jahren entstandenes Kriegsdenkmal in Meyhen (Gefallene des 1.Weltkriegs), Aufnahme 10/2021 Quelle: Herausgeber

Abbildung 33 Inschrift 1 des Kriegsdenkmals

Abbildung 34 Inschrift 2 des Kriegsdenkmals

Meyhen verlor durch den 1.Weltkrieg einige seiner Bürger:

- Albin Erbe, 1914

- Albin Schmidt, 1914

- Willy Röhr, 1914

- Paul Röhr, 1915

- Otto Zimmermann, 1918

- Albin Krostewitz, 1918

- Felix Mitzschke, 1918

Abbildung 35 das Kriegerdenkmal im Jahre 1940

Abbildung 36 Kriegerdenkmal im Winter 1941

Sachsen, und damit auch der kleine Ort Meyhen, wurde in den letzten Tagen des Weltkrieges von den gleichen Dynamiken erfasst wie der Rest des Reiches. Die angespannte wirtschaftliche und soziale Lage und die mangelhafte Versorgung der Bevölkerung mit Lebensmitteln führten immer wieder zu Streiks und Protesten. 1917 versuchte die sächsische Regierung noch, diesen Tendenzen durch eine parlamentarische Reform entgegenzuwirken. Es wurden Verhandlungen über eine Verfassungsänderung aufgenommen, die jedoch rasch von den politischen Ereignissen auf der Straße überholt wurden.

Am 6. November 1918 gründeten sich die ersten sächsischen Arbeiter- und Soldatenräte, nur zwei Tage später kam es zu Aufständen in Chemnitz, Leipzig, Dresden und anderen Städten. Am 9. November erfassten die Unruhen dann den sächsischen Hof -

es ist einer Weisung Friedrich August III. zu verdanken, dass kein Blut floss und die Konstituierung des "Vereinigten revolutionären Arbeiter- und Soldatenrat[es] von Dresden" ohne anarchistische Tendenzen vonstatten ging.

Friedrich August III. verkündete am 13. November von seinem Fluchtort Guteborn aus den Verzicht auf den sächsischen Thron. Die einen Tag später veröffentlichte "Proklamation an das sächsische Volk" legte die Ziele der revolutionären Bewegung fest. Die Volksbeauftragten des Rates forderten die Behörden auf, ihre Tätigkeiten und Dienstgeschäfte nicht einzustellen und so die öffentliche Ruhe und den Weg zu freien Kommunalwahlen im Januar und die Wahl der Volkskammer am 2. Februar 1919 zu sichern. Die erstmals in allgemeiner, gleicher, geheimer und direkter Wahl gewählten Volksvertreter verabschiedeten unter Federführung der MSPD und USPD am 28. Februar 1919 das vorläufige Grundgesetz für den Freistaat Sachsens, womit die Monarchie endgültig beseitigt und der Weg in die Weimarer Republik eröffnet wurde.

Bereits im Kaiserreich hatten Gründerkrise und wirtschaftliche Depression in der Zeit nach 1873 den sächsischen Mittelstand stark verunsichert. Auf den Ersten Weltkrieg folgten die negativen Auswirkungen der Kriegswirtschaft und 1923 führte der Ruhrkampf zur Geldentwertung durch Hyperinflation. Diese Krisenerscheinungen wirkten derart erschütternd, dass zwischenzeitliche Konsolidierungserfolge von der Weltwirtschaftskrise hinweggefegt wurden und in eine nicht mehr beherrschbare politische Radikalisierung mündeten.

Nach dem Ende der Monarchie ruft Hermann Fleißner (SPD) im Zirkus Sarrasani die Republik Sachsen aus. In der Folge wird der Freistaat Sachsen gegründet und erhält eine eigene Verfassung. Als Teil der Weimarer Republik wird Sachsen allerdings eng an das Reich gebunden und verliert u.a. seine Militär-, Eisenbahn- und Finanzhoheit. 1923 wird nach Ausschreitungen infolge der Inflation der Ausnahmezustand im Deutschen Reich verhängt. Aus Angst vor einer linksrevolutionären Erhebung besetzen Reichstruppen kurzzeitig den Freistaat (»Reichsexekution«). 1932 stirbt der letzte sächsische König, Friedrich August III.

In Meyhen?

[30]Bereits zu Kriegszeiten 1916 erfolgte der Anschluss an das Elektrizitätsnetz; westlich hinter dem Ort wurde eine Trafostation gebaut. Bis zur Elektrifizierung trieben die Bauern alle Geräte und Maschinen nur manuell oder mit Pferdekraft an. Sie besaßen Pferdegöpel, während Dampfkraft nicht in Anwendung kam. 1927 erfolgte die Verlegung von Straßenpflaster im Dorf.

---

[30] Auszug aus „Zwischen Schwarzbach und Knateberg", 2008, Hrsg. Erich Bühring, Ralf Horn, Bernd Rüdiger

Auch der Bau der Pflasterstraße (mit „Katzenköpfen" („Preußen-pflaster") befestigt) von Schkeitbar nach Meuchen begann, wo-bei 1927 der Schützenteich, ein beliebter Spielplatz der Kinder, eingeebnet wurde.

Abbildung 37 Titelseite der LVZ vom 8.November 1918

Es lag an den besonderen Voraussetzungen des Vogtlandes und des Westerzgebirges, dass sich hier die ersten Hochburgen der NSDAP bildeten. Hier prägten traditionell mittelständische Industriebetriebe die Wirtschaftsstruktur, von denen zwischen 1929 und 1933 jährlich Hunderte in Konkurs gingen. In der allgemeinen Misere trat zutage, dass die sächsische Wirtschaft seit langem an Innovations- und Leistungskraft verloren hatte.

Es dominierten noch weitgehend die alten Branchenschwerpunkte (zum Beispiel Textilien) mit zu geringen Wachstumspotentialen. Die Arbeitslosenquote betrug im Juni 1933 in Sachsen 39,6 Prozent und lag damit weit über dem Reichsdurchschnitt. Wirtschaftliche Resignation trieb insbesondere die Mittelschicht in die Arme der extremen Rechten, welche als Abhilfe den Führerstaat und als Sündenbock „das Judentum" propagierte.

Als Hitler in Berlin an die Macht kam, regierte in Sachsen der DVP-nahe Ministerpräsident Walther Schieck. Sein Kabinett trat am 10. März 1933 zurück und gab damit dem massiven Druck durch den SA-Führer und Reichskommissar für die sächsische Polizei Manfred von Killinger nach. Dieser wurde nun staatsstreichartig von Hitler als Reichskommissar für Sachsen eingesetzt. Vorausgegangen waren zahlreiche putschartige Machtergreifungen auf kommunaler Ebene durch NSDAP und SA mit Schwerpunkt in der Kreishauptmannschaft Zwickau. Hier in Südwestsachsen agierte der sächsische NSDAP-Chef und Plauener Unternehmer Martin Mutschmann. Killinger und Mutschmann lieferten sich einen zweijährigen Machtkampf, aus dem Mutschmann 1935 als Sieger und neuer Ministerpräsident hervorging. Er war ein ebenso selbstherrlicher wie skrupelloser und brutaler Machtmensch, der den Gau Sachsen (in den Grenzen des ehemaligen Landes Sachsen) in außergewöhnlicher Eigenständigkeit bis 1945 beherrschte.

Waren die ländlichen Gebiete im südwestsächsischen Raum, hier vor allem das Erzgebirge und das Vogtland, früh für die Botschaft der Nationalsozialisten empfänglich, stieß die Bewegung in den Arbeiterhochburgen wie Leipzig, aber auch in den außerhalb gelegenen Gebieten Sachsens zunächst auf weniger fruchtbaren Boden. Um der NS-Ideologie zu weiterer Expansion zu verhelfen, setzte Goebbels nach seinem Amtsantritt vor allem auf Innovation und Professionalität und legte „besonderen Wert auf den Auf- und Ausbau der Propagandaapparate auf lokaler Ebene".

Nach der Ernennung Hitlers zum Reichskanzler 1933 konzentrierten sich auch die örtlichen Nationalsozialisten darauf, alle Bereiche von Politik, Gesellschaft und Kultur gemäß den nationalsozialistischen Vorstellungen zu reorganisieren. Dies bedeutete die faktische Unterwerfung des gesamten gesellschaftlichen und politischen Lebens unter die NS-Herrschaft sowie die schrittweise Ausgrenzung, Verfolgung und Vernichtung von politischen Gegnern, Juden, Sinti und Roma, Homosexuellen, Zeugen Jehovas, „Asozialen" und „Erbkranken". Die Mehrheit der Deutschen nahm diesen elementaren Umbau der Gesellschaft gelassen, wenn nicht sogar begrüßend hin, weil sie sich als Glied der „deutsch-arischen Volksgemeinschaft" verstehen konnten.

Die sogenannte Gleichschaltung beinhaltete administrative Maßnahmen ebenso wie brutalen Terror, der sich auch in örtlichen Bereichen zu Beginn vor allem gegen ortsansässige Kommunisten und Sozialdemokraten richtete, die in das nahegelegene Konzentrationslager im Schloss Colditz bzw. nach Sachsenburg verschleppt wurden.

Legitimiert wurde die systematische Verfolgung seitens der Nationalsozialisten durch die Reichstagsbrandverordnung vom 28. Februar 1933, welche die Bürgerrechte der Weimarer Verfassung außer Kraft setzte und damit das rigorose Vorgehen gegen (nicht nur) politische Gegner ermöglichte. Die Kommunistische Partei Deutschlands (KPD) wurde als staatsfeindliche Partei dargestellt, am 2. Mai 1933 folgte die Zerschlagung der freien Gewerkschaften und im Juni 1933 das faktische Verbot der Sozialdemokratischen Partei Deutschlands (SPD). Auch Vereine, die den Gewerkschaften, der SPD oder KPD nahestanden, wurden aufgelöst.

Nach dem Verbot aller politischen Parteien außer der NSDAP im Juli 1933 erfolgte die Gleichschaltung der Jugendverbände. Kinder und Jugendliche sollten nunmehr im nationalsozialistischen Sinne erzogen werden. Durch Verbot, Auflösung, Selbstauflösung, Übertritt und Übernahme anderer Jugendverbände wurde die Hitlerjugend (HJ) zum einzigen Jugendverband ausgebaut.

Neben Vereinen und Organisationen wurden auch Presse, Film und Rundfunk, die als Mittel zur Beeinflussung eingesetzt wurden, gleichgeschaltet.

Im 2. Weltkrieg wurden Menschen als Fremdarbeiter gezwungen, im Dorf Meyhen zu arbeiten. Sieben Einwohner ließen zwischen 1939 und 1945 ihr Leben. Am 13. und 14. Februar 1945 wurde Dresden Ziel eines der schwersten Bombenangriffe im Zweiten Weltkrieg. Am 25. April 1945 trafen sich bei Strehla und Torgau/Elbe amerikanische und sowjetische Soldaten („Elbe Day"). Da die Grenzen der Besatzungszonen vorab von den Alliierten festgelegt worden waren, wurde ab Juli 1945 ganz Sachsen von der Roten Armee besetzt; hier dann auch die Gebiete westlich der Mulde mit Leipzig, Eilenburg, Grimma und Rochlitz sowie westlich der Zwickauer Mulde mit Auerbach/Vogtl., Falkenstein/Vogtl., Glauchau, Plauen, Oelsnitz, Reichenbach und Zwickau, welche vorher von US-Streitkräften besetzt waren.

Ein Sonderfall war der damalige Landkreis Schwarzenberg, der als so genannte Freie Republik Schwarzenberg anfangs unbesetzt blieb. Am 3. Juli wurde dann ganz Sachsen außer einem kleinen Gebiet östlich der Lausitzer Neiße um Reichenau Teil der SBZ.

Meyhen verlor durch den 2.Weltkrieg einige Bürger:

- Paul Germer, 1941

- Erich Wetzel, 1943

- Gerhard Reinecke, 1943

- Gerhard Schmidt, 1944

- Willy Walther, 1944

- Ewald Schmidt, 1944

- Erich Germer, 1944

DIE NACHKRIEGSZEIT BIS ZUR AUFLÖSUNG DER LÄNDER IN DER DDR

1945 wurde das Land Sachsen innerhalb der Sowjetischen Besatzungszone, bestehend aus dem ehemaligen Freistaat Sachsen und den Gebieten der preußischen Provinz Niederschlesien westlich der Oder-Neiße-Grenze (Oberlausitz), mit einer Gesamtgröße von 17.004 km², neu gebildet. Die sächsischen Gebiete des Landkreises Zittau östlich der Neiße gingen an Polen verloren.

Bei der Bodenreform im November 1945 wurde etwa ein Achtel der landwirtschaftlichen Nutzfläche Sachsens (1.212 Güter mit 260.000 ha Land) enteignet und an Neubauern vergeben. Dem Potsdamer Abkommen zufolge gingen die großen deutschen Unternehmen und das Eigentum der aktivsten Nationalsozialisten in die Verfügungsgewalt der Alliierten über. Im Mai 1946 übertrug die Sowjetische Militäradministration in Deutschland (SMAD) diese Güter den Landesverwaltungen der sowjetischen Besatzungszone.

Beim Volksentscheid in Sachsen am 30. Juni 1946 (Gesetz über die Übergabe von Betrieben von Kriegs- und Naziverbrechern in das Eigentum des Volkes) stimmten 77,6 % der Wahlbeteiligten für die Enteignung von mehr als 1.800 Betrieben. Einige große Unternehmen blieben in sowjetischer Hand. Einen besonderen Status besaß die im Jahr 1945 als sowjetische Aktiengesellschaft gegründete SDAG Wismut, die bei Johanngeorgenstadt mit dem Uranerzbergbau begann und noch bis zum Ende der DDR-Zeit – unter enormen Umweltschäden – Uranerz für das sowjetische Atombombenprogramm förderte.

Auch die bedeutenden Kulturgüter der zahlreichen sächsischen Schlösser und Herrensitze gelangten in staatliche Verwaltung. Dazu gehörten etwa 1.000 Gutsarchive und bedeutende Schlossbibliotheken (z. B. die von Kuckuckstein und Gaußig), die man den Staatsarchiven zuordnete, sowie etwa 9.800 Kunstgegenstände, die in den Bestand der Dresdner Kunstsammlungen einflossen. Etwa 11.400 weitere Kunstwerke bildeten den Grundstock der in den Nachkriegsjahren gegründeten 130 sächsischen Museen.

Anfang Mai 1945 begann die für Sachsen zuständige KPD-Gruppe unter Anton Ackermann in Dresden mit ihrer politischen Arbeit. Die Landesverbände von SPD und KPD vollzogen in Sachsen bereits vor dem zonenweiten Zusammenschluss am 22. April 1946 die Zwangsvereinigung von SPD und KPD zur SED. Im Mai 1946 fand die erste beratende Versammlung der provisorischen Landesversammlung statt; Mittelpunkt der Beratung war die Vorbereitung eines Gesetzes über die entschädigungslose Enteignung von Unternehmen und Schaffung von Volkseigenen Betrieben.

Am 20. Oktober 1946 fand die erste Wahl zum sächsischen Landtag statt. Zum ersten Ministerpräsidenten wurde der Sozialdemokrat Rudolf Friedrichs (1892 – Juni 1947) gewählt. Am 28. Februar 1947 wurde die Landesverfassung verabschiedet.

Am 23. Juli 1952 wurde Sachsen durch das „Gesetz über die weitere Demokratisierung des Aufbaus und der Arbeitsweise der staatlichen Organe in den Ländern der Deutschen Demokratischen Republik" in die Bezirke Dresden, Leipzig und Chemnitz (Karl-Marx-Stadt 1953 bis 1990) geteilt und damit faktisch aufgelöst. Ein „sächsisches Selbstverständnis" konnte per Gesetz aber nicht beseitigt werden. Ein kleiner Teil der Oberlausitz wurde dem Bezirk Cottbus zugeschlagen. Dabei geschahen

Grenzbereinigungen, bei denen einzelne Städte und Gemeinden von den Nachbarkreisen eingegliedert oder an diese angegliedert wurden, wodurch sich die Bezirksgrenzen gegenüber den ehemaligen Landesgrenzen verschoben.

DAS HOLOZÄN

Die deutsche demokratische Republik

Nach dem Zweiten Weltkrieg und der bedingungslosen deutschen Kapitulation im Mai 1945 entschieden die Alliierten Deutschland in vier Besatzungszonen aufzuteilen: eine amerikanische, eine britische, eine französische und eine sowjetische Zone. Die Hauptstadt Berlin wurde von allen vier Besatzungsmächten im Alliierten Kontrollrat verwaltet. So wollte man Deutschland in den einzelnen Zonen abrüsten und die Überreste des Nationalsozialismus zerstören.

Auch in Meyhen schien nach dem Krieg vieles politisch, ökonomisch und kulturell in eine bessere Richtung zu weisen – trotz unendlich vieler Probleme auf allen Gebieten. So wurden viele Flüchtlinge und Umsiedler aufgenommen und wieder ins Leben eingegliedert, wie der Zuwachs an Einwohnern von 91 (1939) auf 124 (1946) zeigt.

Zwischen den Siegermächten entstanden Spannungen. Die demokratischen und kapitalistischen Westmächte wollten Deutschland so schnell wie möglich aufbauen und als ebenfalls kapitalistisches Land etablieren, das heißt, als einen Staat mit freier Marktwirtschaft. Die sowjetische Regierung dagegen wollte Deutschland als sozialistisches Land nach ihrem Vorbild gestalten. Mit diesen unterschiedlichen Vorstellungen entwickelten sich die Besatzungszonen unabhängig voneinander. Als schließlich 1948 zwei unterschiedliche Währungen (im Westen die D-Mark und im Osten die Mark, später Mark der DDR) eingeführt wurden, war die Teilung nicht mehr aufzuhalten.

In der sowjetischen Besatzungszone übernahm nach 1945 zunächst die Sowjetische Militäradministration in Deutschland

(SMAD) die Verwaltung. Es waren nun wieder Parteien zugelassen: SPD, KPD, CDU und LDPD. Vor allem die KPD (Kommunistische Partei Deutschlands) wurde von den Sowjets unterstützt. Walter Ulbricht und andere Kommunisten erhielten wichtige Posten beim Aufbau und der Organisation der Zone.

Die KPD erhielt aber zu wenig Stimmen, um an der Macht sein zu können, doch sollte sie ja nach dem Willen der Sowjetunion in Deutschland vorherrschen. Deshalb wurde die SPD gezwungen mit der KPD die Sozialistische Einheitspartei Deutschlands (SED) zu gründen. Am 19. März 1949 wurde die neu ausgearbeitete Verfassung aufgenommen. Nachdem am 23. Mai die Bundesrepublik Deutschland auf dem Gebiet der westlichen Besatzungszonen gegründet wurde, trat am 7. Oktober 1949 die Verfassung der Deutschen Demokratischen Republik in Kraft. Damit war die DDR gegründet.

Der erste Präsident der DDR war Wilhelm Pieck, doch der eigentlich mächtigste Mann im Staat war der Chef der SED Walter Ulbricht. 1950 wurde dann das Präsidentenamt abgeschafft, und der Staatsratsvorsitzende als Oberhaupt der DDR eingeführt. Dieses Amt übernahm wiederum Ulbricht. 1950 wurden alle Parteien trotz Protest in der Einheitsliste der nationalen Front zusammengefasst.

Im selben Jahr wurde das Ministerium für Staatssicherheit gegründet. Ab 1951 wurde der erste Fünfjahresplan für die wirtschaftliche Produktion herausgegeben. Die DDR hatte natürlich hauptsächlich Beziehungen nach Osten und trat 1955 in den Warschauer Pakt ein, ein Militärbündnis unter sowjetischer Führung.

Weil alle Parteien in der Einheitsliste zusammengefasst waren, hatten die Bürger keine Chance etwas anderes zu wählen. Deshalb gab es immer Wahlergebnisse von über 95 Prozent für die Einheitsliste, also für die SED. Generell galt das Prinzip des Sozialismus, dass alles allen gehört, dass heißt jeder arbeitete für das Kollektiv des Staates und nicht für sich selbst. In der Planwirtschaft wurde von der Regierung ein Plan für die wirtschaftliche Produktion ausgegeben, den die Betriebe erfüllen sollten. Das bedeutet, dass die Betriebe nicht selbst entscheiden durfte, sondern alles vom Staat diktiert wurde.

Durch das Ministerium für Staatssicherheit sollte der Fortbestand des Staates gesichert werden. Alltag war, dass die Bürger von der Stasi überwacht wurden, ob sie auch der Parteilinie treu waren.

Als ab 1952 der Sozialismus offiziell als Staatssystem aufgebaut wurde, begannen die oben angesprochenen Einschnitte für Bevölkerung immer deutlicher zu werden. Westliche Produkte waren kaum zu bekommen. Deshalb begannen viele Menschen aus der DDR auszuwandern. Die Führung reagierte mit der Einrichtung einer Sperrzone an der innerdeutschen Grenze, die niemand betreten durfte. Am 17. Juni 1953 kam es zu Demonstrationen und Streiks, um gegen eine Erhöhung der Arbeitsnormen zu protestieren. Die Regierung schlug den Aufstand mithilfe sowjetischer Truppen blutig nieder.

Die Auswanderungswellen wurden immer stärker, weshalb ein neues Passrecht eingeführt wurde, damit nicht so viele Menschen in die Bundesrepublik flüchten konnten. 1956 wurde die Republikflucht offiziell als Straftat verfolgt. 1961 wurde mit dem Bau der Berliner Mauer begonnen, damit keine Berliner in den Westen fliehen konnten. Es gab auch einen Schießbefehl für die Grenzsoldaten, die Flüchtende von nun an erschießen mussten.

In den 1960er Jahren waren die Verhältnisse einigermaßen stabil. 1962 wurde die Wehrpflicht eingeführt, die 1968 den Sowjets half, eine Revolution in Tschechien (damals CSSR) niederzuschlagen. 1972 musste Walter Ulbricht zurücktreten, weil er sich mit der Parteispitze zerstritt. Er wurde von Erich Honecker als SED-Chef ersetzt. Mit ihm wendete sich die DDR immer weiter vom Westen und der Bundesrepublik ab und verhinderte, dass andere osteuropäische Staaten mit der BRD Bündnisse schlossen. Auch wollte man den Lebensstandard und damit die Zufriedenheit der Bevölkerung heben und investierte Milliarden in Wohnungsbau und Produktion von Konsumgütern.

Meyhen wurde nach 1945 zeitweise durch die Gemeinde Meuchen verwaltet. Meyhen wurde 1950 mit Räpitz, Schkeitbar und Schkölen zur Großgemeinde Räpitz vereinigt. Ihr erster Bürgermeister wurde Kurt Röhr, der letzte Bürgermeister in Meyhen war Kurt Bratfisch. Diese Gemeinde besaß eine Gesamtfläche von 1256 ha, davon waren 1144,64 ha Ackerland, 49,35 ha Siedlungsgebiet, 46,5 ha Verkehrsfläche (einschließlich Deutsche Reichsbahn) und 13,36 ha Wasserfläche mit Gräben und Wald. Das Gemeindeamt befand sich in Räpitz, später in Schkeitbar.

Bis 1950 gehörte Meyhen zum Kreis Merseburg, danach zum Kreis Weißenfels in Sachsen-Anhalt und seit dem 3. Juli 1952 zum Landkreis Leipzig im gleichnamigen Bezirk (die Länder wurden aufgelöst). 1965 kam es zur Auflösung der Meyhener Feuerwehr. Letzter Wehrleiter war Heinz Heil. Den Schutz übernahm Schkeitbars Wehr.

Mit der Bildung der Landwirtschaftlichen Produktionsgenossenschaft (LPG) Typ III in Schkölen/Räpitz „Vorwärts" 1955, der auch vier Meyhener Höfe und zwei Handwerker angehörten, und der LPG Typ I „Sputnik" im Frühjahr 1960 mit 7 Höfen, kaum freiwillig, mehr durch Zwang, veränderte sich in Meyhen vieles. Hatten die Bauern bisher kleine Felder und Ställe bewirtschaftet, so kam es zunehmend zu industrieller Großproduktion auf zusammengelegten Feldern, wachsendem Einsatz der dafür erforderlichen Technik und Viehhaltung in anderen Ortschaften.

In Meyhen wurde ein großer Schweinestall für ca. 100 Masttiere eingerichtet (Dorfplatz 14, bei der Tierpflegerin, genannt Schlawa). Teilweise hielten Genossenschaftsbauern, Landarbeiter und andere Dorfbewohner bei großzügiger Stützung und steuerfreiem Verkauf der Produkte Vieh in Mengen, für die keine Futtergrundlage vorhanden war. Auch veränderte sich nach und nach das Gesicht Meyhens selbst: Ställe wurden zu Wohnungen umgebaut, andere Ställe sowie Scheunen und Wohnhäuser verfielen.

Einer der letzten im Dorf tätigen Handwerker war Schuhmacher Kurt Germer, der seine Werkstatt bis etwa 1970/71 betrieb (sein Gebäude stand auf dem heutigen Grundstück Eisdorfer Weg 2, Flst.Nr.56/15 und 53 – die zugehörige Garage wurde erst im Jahre 2020 abgebrochen).

Als die Sowjetunion 1981 die Preise für Rohöl erhöhen musste, begann in der DDR eine Wirtschaftskrise, sodass die Kredite für die Investitionen nicht mehr zurückgezahlt werden konnten. Viele Projekte stoppten und man musste mit der ungeliebten BRD Gespräche über die Schuldentilgung aufnehmen. Der wirtschaftliche Verfall konnte auch von Milliardenkrediten der bayerischen Regierung nicht gestoppt werden. Da nun die UdSSR unter Michail Gorbatschow eine Lockerung des Systems durchführte, hofften die Menschen auch auf eine Wende in der DDR-

Politik. Doch Honecker distanzierte sich nun von der Sowjetunion, was weitere Fluchtwellen zur Folge hatte.

Wöchentliche Demonstrationen und Ausreisewellen nach Ungarn und Tschechien, von wo aus man eher in die BRD kam, veranlassten Honecker und die ganze Regierung schließlich zum Rücktritt. Als Günter Schabowski am 9. November 1989 im Fernsehen bekannt gab, dass man nun ausreisen dürfe, stürmten die Menschen die Grenzen. Die Soldaten ließen die Leute passieren und in Berlin fiel die Mauer. Der Staat DDR blieb zunächst mit einer anderen Regierung bestehen, doch die Bürger forderten die Deutsche Einheit.

Wiedervereinigung

Krasser hätten die Unterschiede kaum sein können. Als Deutschland im Jahre 1990 seine Wiedervereinigung beging, prallten auf dem Land zwei Welten aufeinander: Im Westen 320.000 Vollerwerbsbetriebe mit im Mittel etwa 29 ha Landwirtschaftlicher Fläche (LF). Im Osten 4750 Betriebe der „Sozialistischen Landwirtschaft", die meisten Landwirtschaftliche Produktionsgenossenschaften (LPG). Die Pflanzenproduktionsbetriebe kamen auf durchschnittlich 4500 ha LF, und die Tierproduktion spielte sich oft in Ställen ab, deren Größenordnungen gigantisch erschienen. In Meyhen waren zu dieser Zeit viele der Einwohner in sozialistische Großunternehmen eingebunden und als Pendler unterwegs.

Die deutsche Wiedervereinigung war der durch die friedliche Revolution in der DDR angestoßene Prozess der Jahre 1989 und 1990, der zum Beitritt der Deutschen Demokratischen Republik zur Bundesrepublik Deutschland am 3. Oktober 1990 führte. Die damit vollzogene deutsche Einheit, die seither an jedem 3. Oktober als Nationalfeiertag mit dem Namen „Tag der Deutschen Einheit" begangen wird, beendete den als Folge des Zweiten Weltkrieges in der Ära des Kalten Krieges vier Jahrzehnte währenden Zustand der deutschen Teilung.

Und in Meyhen? Seit 1991 kamen ambulante Händler mit Lebensmitteln, Obst und Gemüse, Backwaren, Fleisch- und Wurstwaren sowie Feinfrostkost in den Ort, so die Bäckerei Häntsch aus Kitzen, die Pegauer Fleisch- und Wurstwaren GmbH, Faily Frost aus Kitzen, Fischwaren-Hutfilz aus Groitzsch. Mit der zunehmenden Mobilität der Einwohner verließen aber viele dieser Lieferanten wieder Meyhen.

DAS ANTHROPOZÄN – DIE NEUZEIT DER WELT

Was kümmert uns die Zukunft, was Statistik? Statistik kann nur Vergangenes zeigen; Künftiges kann nur prognostiziert werden.

Das 20. Jahrhundert hat eine merkwürdige Entwicklung durchgeführt. Nach dem erfolgreichen 19. Jahrhundert ging man davon aus, dass im 20. Jahrhundert die Wissenschaft alles erfasst, alles ergreift und letztlich alles vollenden wird. Stattdessen bemerkte man, dass die wesentliche Vorsilbe des 20. Jahrhunderts die Vorsilbe „un" wurde.

Zuerst wurde eine Unstetigkeit der Natur entdeckt; anschließend eine Unbestimmtheit in der atomaren Wirklichkeit gefunden und schließlich sogar eine Unentscheidbarkeit in mathematischen Gesetzen gefunden; mit dem Beginn der Chaosforschung hat man sogar die Unvorhersehbarkeit in der ganzen Natur definiert.

Mit dem Problem des Anthropozäns erkannte die Wissenschaft noch etwas Anderes: die Unbelehrbarkeit des Menschen.

Die Natur verwendet das Verfahren der Selektion, um sicherzustellen, dass keine Übermengen vorkommen, sondern nur die Angepassten übrigbleiben. Der Mensch hat sich über die Selektion gestellt und stellt sich Zielen, die er selbst definiert. Eines der wichtigsten Ziele des Menschen ist das Wachstum. Alle Neuerungen und Errungenschaften sind diesem Wachstum geschuldet.

Wachstum ist der Motor der Gesellschaft, erzeugt Arbeitsplätze, schafft Steuereinnahmen. Und doch ist bekannt, dass ein weiteres Wachstum nicht möglich ist.[31] Die neue Zielrichtung – zumindestens der westlichen Gesellschaften – ist: Nachhaltigkeit. Die Natur des Menschen ist evolutionärer Art. Nachhaltigkeit ist eine kulturelle Forderung. Die Frage ist, ob die Menschen mit der richtigen Rationalität, mit dem richtigen Entscheidungsvermögen ausgestattet sind. Wir reden zwar von einer globalen Welt, aber alle Handlungen, alle Entscheidungen, alle Planungen, die wir ausführen, sind lokal. Wenn wir zum Beispiel sagen, dass es auf dieser Welt ein Wasserproblem gibt, dass es also für die Menschen global zu wenig Zugang zu frischem Wasser gibt – dann ist dieses Problem global nicht lösbar. Wie sollte das auch gehen? Dies kann nur lokal gelöst werden, beispielsweise lokal in Sachsen oder lokal irgendwo in Nepal. Insofern ist es klar erkennbar, dass es insgesamt lokale Aktionen bleiben, obwohl globale Probleme anliegen.

Die Menschheit verschwendet Ressourcen, aber es stört sie nicht. Die Menschheit läßt den Klimawandel zu, aber das stört auch nicht wirklich. Solange die Menschen damit kein direktes Problem haben, stört es nicht. Die Prozesse finden so langsam vor unseren Augen statt, dass wir die Veränderungen noch nicht wahrnehmen.

Die Menschheit ist sich unsicher im Hinblick darauf, wie in die Zukunft hinein gehandelt werden soll. Wir sollen Handlungen vornehmen, obwohl wir die klassischen Motive der Handlung nicht wirklich sehen oder vorfinden.

---

[31] Z.B. Johannes Pennekamp: Alle sind gegen Wachstum Juli 2013 FAZ (Quelle: http://blogs.faz.net/fazit/2013/07/26/alle-sind-gegen-wachstum-2318/)

Solange Menschen sich als analytisch denkende, aufgeklärte und rational handelnde Wesen ausbilden und ansehen, wird es keine Lösung für die Probleme dieser Welt geben.

Verändern können wir nicht, weil wir es einfach nur wollen. Das Ziel ist zu weit weg und die Menschen, die Gesellschaften auf der Erde viel zu unterschiedlich und vielschichtig, viel zu ertragsorientiert und: viel zu engstirnig. Kein Mensch, wie einflussreich er wäre, wie reich oder wie bestimmend, wäre in der Lage, unser unvorstellbares Durcheinander von Systemen und Bestimmungen zu durchbrechen und eine einheitliche Regierung der Welt zu schaffen, die nachhaltig und global die Probleme lösen kann.

Noch nie hat eine Systemänderung nachhaltig funktioniert, wenn sie von oben beschlossen wurde. Also muss an der Basis begonnen werden. Ein erster Lösungsansatz wäre die Veränderung unserer Bildung.

Wenn wir nicht ausschließlich versuchen, rational und geltende Systeme zu lernen, sondern die (hoffentlich für alle Menschen zugänglichen) Bildungssysteme der Erde erweitern auf die wichtigen Inhalte

- Nachhaltigkeit
- Irrationalität und
- Emotionen

dann werden künftige so geschulte Generationen in der Lage sein, etwas wie die Humanökologie als Chance für die Menschheit zu begreifen, nicht als Ballast. Und sie werden mit diesen Kenntnissen die technischen Lösungen finden, die wir heute nicht sehen können, weil wir glauben, wir könnten das Grundproblem der Humanökologie rational lösen.

Warum dieser kritische Text in einem Buch über „700 Jahre + Meyhen – Motive und Erinnerungen"?

Weil unsere Mitte, das Dorf ein MOTIV haben kann. NACHHALTIGES ZUSAMMENSEIN, IRRATIONALITÄTEN statt Einhaltung von Normen und EMOTIONEN!

Beginnen wir im Kleinen damit, was unsere Welt verändern kann und zeigen den Kindern hier in Meyhen, DASS WIR VERSTANDEN HABEN.

DAS DORF HEUTE UND GESTERN

Beschreibungen und Ortsansichten

Die Mitte des Dorfes sind die Menschen. Nachfolgend versuchen wir, die Geschichte der einzelnen Gebäude und die Geschichte der Menschen dahinter näher zu beschreiben. Das ging nicht ohne die Mitwirkung derjenigen, die mit ihrem Fleiß und ihrer Leidenschaft zum Gelingen dieses Werkes mit beigetragen haben.

Zur näheren Erläuterung

Wir haben die Informationen zu den einzelnen Grundstücken und Gebäuden so gut es ging strukturiert. Ob nun Bodenarchäologie oder Bauforschung – man arbeitet so gut wie nie aus einem rein forscherischen Drang heraus. Ohne konkreten, und für das Bauwerk gelegentlich auch bedrohlichen Anlassfall, kommt es nicht zum Auftrag für eine Untersuchung, und im gegebenen Fall lagen solche Aufträge auch nicht vor. Im Gegensatz zu Baumaßnahmen begleitenden bodenarchäologischen Projekten, die fast immer auch mit der endgültigen "Auflösung" einer Befundabfolge einhergehen, gibt es bei der historischen Bauforschung naturgemäß mehr "überlebende" Befunde und Objekte: Bauwerke, deren Biografie sich dank der Beforschung nicht nur um einige Kapitel verlängern (oder überhaupt erst einmal schreiben) ließ und die durch die aufgedeckten Facetten ihrer Entwicklungsgeschichte förmlich an Tiefe und durchaus auch an atmosphärischer Intensität gewonnen haben. Nichtsdestotrotz gibt es auch Fälle, wo es zum "Äußersten" – also zur Zerstörung des Gebäudes – kommt. Dann ist die Dokumentation des Bauforschers alles an "memento", was von einem Gebäude(teil) oder einer Mauer bleibt. Was im Einzelnen von der Altbebauung geblieben ist, soll die nachfolgende Dokumentation aufzeigen.

Personenbezogene Daten wurden nur dann aufgenommen, wenn eine eindeutige schriftliche Zusage dazu vorlag. Dies gilt nicht für Personen der Zeitgeschichte aus Meyhen, die heute nicht mehr leben und deren Persönlichkeitsrechte durch die Namensnennung nicht beeinträchtigt werden.

Abbildung 38 Meyhen Luftbild aus 1992

Dorfplatz 1

Abbildung 39 Dorfplatz 1, Zeichnung Jonathan Gablenz 2021

Objektbezeichnung
Wohnhaus mit Nebengebäude

Straße, Haus Nr.
Dorfplatz 1

Postleitzahl
04420

Ort
Markranstädt OT Meyhen

Flurstücknummer
32/21

Eigentümer
./.

Basisinformationen:

Hauptbauwerk
Wohngebäude

Bautyp
Einfamilienwohnhaus, unterkellert, Dachgeschoss ausgebaut, Satteldach

Entstehungsjahr
Nach 1999

Konstruktionstechnik
Massiv errichtetes Kellergeschoss; in Fertigteilbauweise errichtetes Erdgeschoss und Dachgeschoss

Grundcharakter
Wohngrundstück

Details
Einfriedigungen zur Straße
Metall / Mauerwerk

Besonderheiten
Nebengebäude als Doppelgarage mit Satteldach

Zur Baugeschichte
Bis in das Jahr 1994 existierte ein zweigeschossiges Wohn- und Wirtschaftsgebäude mit Satteldach; Sandsteinwandungen an den Fensteranlagen im Erd- und Obergeschoss. Dazu gehörte ein im Norden liegendes eingeschossiges Nutzgebäude. Besonderes Detail des Nutzgebäudes war die nach Süden gerichtete Außenwand, die aus Ziegel errichtet war. Hier wechselten sich die langen und kurzen Seiten der Ziegel in jeder Lage.

Der Abriss erfolgte im Jahre 1994:

Abbildung 40 Ansicht des Gebäudes von der Haus Nr. 2 aus, Aufnahme aus dem Jahr 1985

Abbildung 41 Nebengebäude, noch im Bestand aus dem Jahre 1985

Abbildung 42 Wohngebäude beim Straßenausbau in Meyhen 1993

Abbildung 43 Abbruch im Jahre 1994 (Ansicht vom Hof aus gesehen)

Abbildung 44 Abbruch 1994, Ansicht vom Dorfplatz

Abbildung 45 Ansicht des Bauplatzes im Jahre 1998

Im Jahre 1998 lag hier noch ein unbebauter Bauplatz vor.

Stilzuordnungen
Moderne (Bezug auf Funktionalität)

Ikonographie
Nicht vorhanden

Funktion / Verwendungszweck
Wohngebäude, Nebengebäude als Garage

Dorfplatz 2

Abbildung 46 Dorfplatz 2, Zeichnung Jonathan Gablenz 2021

Objektbezeichnung
Wohnhaus mit Nebengebäude

Straße, Haus Nr.
Dorfplatz 2

Postleitzahl
04420

Ort
Markranstädt OT Meyhen

Flurstücknummer
32/36

Eigentümer
./.

Basisinformationen:

Hauptbauwerk
Wohngebäude

Bautyp
Einfamilienwohnhaus, unterkellert, Dachgeschoss ausgebaut, Satteldach, zur Straße abgeschlepptes Pultdach, Anbau mit Pultdach

Entstehungsjahr
Nach 1990 auf alter Bausubstanz, Anbau neu errichtet

Konstruktionstechnik
Massiv errichtetes Erdgeschoss und Dachgeschoss

Grundcharakter
Wohngrundstück

Details
Einfriedigungen zur Straße
Holz / Metallzaun

Besonderheiten
Nebengebäude als Großgarage mit Pultdach

Zur Baugeschichte
Ursprünglich als Dreiseitengehöft errichtet, wurden ab 1987 kleinere Sanierungs- und später ab Beginn der 1990 er Jahre umfangreiche Abriss – und Umbauarbeiten vorgenommen. Das Wohnhaus wurde auf den im Erdgeschoss bestehenden Umfassungswänden des vorherigen Wohngebäudes errichtet; daneben entstand in Richtung Osten ein Anbau.

Die Großgarage im Hintergrund wurde in den Jahren nach 1998 errichtet.

Abbildung 47 Ansicht der Bebauung im Jahre 1985

Abbildung 48 Ansicht der Bebauung 1985

Abbildung 49 Ansicht der Bebauung 1985

Abbildung 50 Ansicht der Bebauung aus dem Jahr 1987

174

Abbildung 51 Rückwärtige Bebauung im Jahr 1987

Abbildung 52 Stallungen in der Ansicht aus 1987

Abbildung 53 Straßenansicht aus 1987

Abbildung 54 Stallungen als Anbau an das Wohnhaus aus 1987

Abbildung 55 Rückwärtige Front des Wohngebäudes, 1987

Abbildung 56 Ansicht des Vordergebäudes aus 1994

Stilzuordnungen
Moderne (Bezug auf Funktionalität)

Ikonographie
Nicht vorhanden

Funktion / Verwendungszweck
Wohngebäude, Nebengebäude als Garage

Abbildung 57 Ansicht des Grundstücks von Süden, 1998

Abbildung 58 Ansicht Straße aus 1998

Dorfplatz 3

Abbildung 59 Dorfplatz 3, Zeichnung Jonathan Gablenz 2021

Objektbezeichnung
Wohnhaus mit umfangreichem Bestand an landwirtschaftlichen
Nebengebäuden

Straße, Haus Nr.
Dorfplatz 3

Postleitzahl
04420

Ort
Markranstädt OT Meyhen

Flurstücknummer
32/32, 35/1

Eigentümer
./.

Basisinformationen:

Hauptbauwerk
Wohngebäude

Bautyp
Zweigeschossiges Wohngebäude

Entstehungsjahr
Ca. vor 1900

Konstruktionstechnik
Massiv errichtetes älteres Wohngebäude (Keller nicht bekannt); zweigeschossig, nicht ausgebautes Dachgeschoss, Dachform Satteldach mit Krüppelwalm an den Giebeln. Ein weiteres Wohngebäude im Hintergrund, zweigeschossig, mit Dachgeschossausbau, ab 1990 errichtet.

Grundcharakter
Landwirtschaftliche Nutzeinheit mit Wohngebäude und mehreren landwirtschaftlichen Nutzgebäuden, Vierseithof

Details
Einfriedigungen zur Straße
Mauerwerk, Holztor / Holztür

Besonderheiten
Ein Vierseithof ist die Bezeichnung für eine Hofform, bei der der landwirtschaftliche Wirtschaftshof von allen vier Seiten von Gebäuden umschlossen ist, in der Regel also vom Wohnhaus, dem (regional unterschiedlich bezeichneten) Stadel oder der Scheune, dem Getreidekasten, Kornhaus, Kornspeicher oder Getreidespeicher und dem Stall. Diese Form landwirtschaftlicher Anwesen hat eine weite Verbreitung gefunden.

Mit leichten Unterschieden in der Zweckbestimmung und der Anordnung der Gebäude, der topographischen Lage im Gelände und in der Ausgestaltung (Umzäunung, Ummauerung) ist der Vierseithof ein sehr charakteristischer Hoftypus.

In Mitteldeutschland ist der Vierseithof die wohlhabendste Form des Bauernhofes. Das Wohnhaus begrenzt den Innenhof zur Straße.

In Thüringen und Teilen Sachsens ist es zumeist zweigeschossig, in Sachsen-Anhalt fast immer eingeschossig. Die Nebengebäude haben zumeist unverputztes Ziegelmauerwerk, Fachwerk oder Holzlattung.

Zur Baugeschichte
Zum Objekt existieren keine detaillierten Informationen zur Errichtung und zu erfolgten Umbauten. Die nachstehenden Bilder dokumentieren das Objekt im Laufe der Zeit.

Abbildung 60 Ansicht des Grundstücks im Hintergrund bei der Straßensanierung 1992/1993

Abbildung 61 Rückwärtige Wohnbebauung im Jahr 1998

Abbildung 62 Ansicht Wohngebäude aus 1998

Stilzuordnungen
Historismus, neuwertiges Wohngebäude Moderne

Ikonographie
Nicht vorhanden

Funktion / Verwendungszweck
Wohngebäude, landwirtschaftliche Nutzgebäude

Abbildung 63 Ansicht Straßenfront aus 1998

Abbildung 64 Zufahrt 1998 von der Meuchener Straße, im Vordergrund die „alte" Meuchener Straße

Dorfplatz 4

Abbildung 65 Dorfplatz 4, Zeichnung Jonathan Gablenz 2021

Objektbezeichnung
Wohnhaus mit landwirtschaftlichem Nutzgebäude

Straße, Haus Nr.
Dorfplatz 4

Postleitzahl
04420

Ort
Markranstädt OT Meyhen

Flurstücknummer
32/31

Eigentümer
./.

Basisinformationen:

Hauptbauwerk
Wohngebäude

Bautyp
eingeschossiges Wohngebäude mit Dachausbau

Entstehungsjahr
Nach dem Jahr 2000

Konstruktionstechnik
In Fertigteilbauweise errichtetes Wohngebäude mit Satteldach

Grundcharakter
Wohngebäude mit rückseitigem zweigeschossigem landwirtschaftlichen Nutzgebäude

Details
Einfriedigungen zur Straße
Hecke, Holz, Mauerwerk

Besonderheiten
Nebengebäude als Scheune, älteren Baujahres, Satteldach

Zur Baugeschichte
Zum Objekt existieren keine detaillierten Informationen zum Abriss und Ausbau. Der Vorgängerbau für das Wohngebäude ist auf dem nachstehenden Bild ersichtlich.

Stilzuordnungen
Moderne

Ikonographie
Nicht vorhanden

Funktion / Verwendungszweck
Wohngebäude, landwirtschaftliche Nutzgebäude

Abbildung 66 Ansicht des Grundstücks aus einer Postkarte im Jahre 1998

Dorfplatz 5

Abbildung 67 Dorfplatz 5, Zeichnung Jonathan Gablenz 2021

Objektbezeichnung
Wohnhaus mit umfangreichem Bestand an landwirtschaftlichen
Nebengebäuden

Straße, Haus Nr.
Dorfplatz 5

Postleitzahl
04420

Ort
Markranstädt OT Meyhen

Flurstücknummer
91

Eigentümer
./.

Basisinformationen:
Hauptbauwerk
Wohngebäude

Bautyp
Zweigeschossiges Wohngebäude mit Dachgeschossausbau

Entstehungsjahr
Ca. vor 1900

Konstruktionstechnik
Massiv errichtetes Wohngebäude (Keller nicht bekannt); zweigeschossig, augenscheinlich ausgebautes Dachgeschoss, Dachform Satteldach

Grundcharakter
Landwirtschaftliche Nutzeinheit mit Wohngebäude und mehreren landwirtschaftlichen Nutzgebäuden, Dreiseithof

Details
Einfriedigungen zur Straße
Mauerwerk, Holztor / Holztür

Besonderheiten
Typisches Dreiseitengehöft; In der Mitte und im Süden des deutschen Sprachraums sind Dreiseithöfe oftmals gedrängt angelegt. Ein großer Prozentsatz dieser Höfe steht in eng bebauten
geschlossenen Ortschaften. Die Gebäude des Gehöftes stoßen
an den Ecken des gepflasterten Hofes aneinander. Das Wohnhaus befindet sich auf einer Seite neben der Einfahrt. Die „Gute

Stube" an der Giebelseite hat ihre Fenster zur Straße. Die Rückseite des Hofes wird von der Scheune eingenommen. Dem Wohnhaus gegenüber befindet sich dann der Stall oder das Auszugshaus.

Zur Baugeschichte
Zum Objekt existieren keine detaillierten Informationen zur Errichtung und zu erfolgten Umbauten. Die nachstehenden Bilder dokumentieren das Objekt im Jahre 1998.

Abbildung 68 Gartenansicht Dorfplatz 5 im Jahre 1998

Stilzuordnungen
Historismus

Ikonographie
Vorhanden, jedoch nicht zuordenbar

Funktion / Verwendungszweck
Wohngebäude, landwirtschaftliche Nutzgebäude

Dorfplatz 6

Abbildung 69 Dorfplatz 6, Zeichnung Jonathan Gablenz 2021

Objektbezeichnung
Wohnhaus mit landwirtschaftlichem Nutzgebäude

Straße, Haus Nr.
Dorfplatz 6

Postleitzahl
04420

Ort
Markranstädt OT Meyhen

Flurstücknummer
32/35

Eigentümer
./.

Basisinformationen:
Hauptbauwerk
Wohngebäude

Bautyp
eingeschossiges Wohngebäude mit Dachausbau

Entstehungsjahr
Nach dem Jahr 1990

Konstruktionstechnik
In Massivbauweise errichtetes Wohngebäude mit Satteldach

Grundcharakter
Wohngebäude mit seitlichem zweigeschossigem landwirt-schaftlichen Nutzgebäude

Details
Einfriedigungen zur Straße
Holz, Mauerwerk

Besonderheiten
Nebengebäude als Scheune, älteren Baujahres, Pultdach, frühere Stallungen

Zur Baugeschichte
Zum Objekt existieren keine detaillierten Informationen zum Ausbau älterer Gebäude

Stilzuordnungen
Moderne

Ikonographie
Nicht vorhanden

Funktion / Verwendungszweck
Wohngebäude, landwirtschaftliche Nutzgebäude

Abbildung 70 Ansicht des Grundstücks im Jahre 1998

Dorfplatz 7

Abbildung 71 Dorfplatz 7, Zeichnung Jonathan Gablenz 2021

Objektbezeichnung
Wohnhaus mit landwirtschaftlichem Nutzgebäude

Straße, Haus Nr.
Dorfplatz 7

Postleitzahl
04420

Ort
Markranstädt OT Meyhen

Flurstücknummer
32/38

Eigentümer
./.

Basisinformationen:

Hauptbauwerk
Wohngebäude

Bautyp
zweigeschossiges Wohngebäude ohne Dachausbau

Entstehungsjahr
Vor dem Jahr 1900

Konstruktionstechnik
In Massivbauweise errichtetes Wohngebäude mit Satteldach, Sandsteinwandungen der Fenster (vergleichbar mit dem Vorgängerbauwerk auf Dorfplatz 1, welches 1994 abgerissen wurde)

Grundcharakter
Wohngebäude mit seitlichem eingeschossigem landwirtschaftlichen Nutzgebäude

Details
Einfriedigungen zur Straße
Holz, Mauerwerk

Besonderheiten
Nebengebäude als Scheune, älteren Baujahres, Pultdach, frühere Stallungen

Zur Baugeschichte
Zum Objekt existieren keine detaillierten Informationen zum Ausbau älterer Gebäude

Stilzuordnungen
Moderne

Ikonographie
Nicht vorhanden

Funktion / Verwendungszweck
Wohngebäude, landwirtschaftliche Nutzgebäude

Abbildung 72 Straßenansicht im Jahre 1998

Abbildung 73 Ansicht des Wohngebäudes im Jahr 1941; im Hintergrund sichtbar eine Scheunenanlage

Abbildung 74 Ansicht des Gebäudes vom Dorfteich aus (von Süden)

Abbildung 75 Ansicht des Grundstücks im Jahre 1998

Dorfplatz 8

Abbildung 76 Dorfplatz 8, Zeichnung Jonathan Gablenz 2021

Objektbezeichnung
Wohnhaus

Straße, Haus Nr.
Dorfplatz 8

Postleitzahl
04420

Ort
Markranstädt OT Meyhen

Flurstücknummer
92

Eigentümer
./.

Basisinformationen:

Hauptbauwerk
Wohngebäude

Bautyp
zweigeschossiges Wohngebäude ohne Dachausbau

Entstehungsjahr
Vor dem Jahr 1941

Konstruktionstechnik
In Massivbauweise errichtetes Wohngebäude mit flachgeneigtem Satteldach

Grundcharakter
Wohngebäude

Details
Einfriedigungen zur Straße
Holz, Mauerwerk

Besonderheiten
./.

Zur Baugeschichte
Auf nachstehender Aufnahme ist das Gebäude bereits im Jahr 1941 zu erkennen. Das Gebäudealter ist nicht bekannt. Die Bauweise spricht für eine Errichtung zwischen den beiden Weltkriegen.

Stilzuordnungen
Moderne

Ikonographie
Nicht vorhanden

Funktion / Verwendungszweck

Wohngebäude

Abbildung 77 links; Sanierung des Gebäudes im Jahre 1998

Abbildung 78 Ansicht des Gebäudes im Jahre 1941

Dorfplatz 9

Abbildung 79 Dorfplatz 9, Zeichnung Jonathan Gablenz 2021

Objektbezeichnung
Wohngebäude mit Nebengebäude

Straße, Haus Nr.
Dorfplatz 9

Postleitzahl
04420

Ort
Markranstädt OT Meyhen

Flurstücknummer
32/2

Eigentümer
./.

Basisinformationen:

Hauptbauwerk
Wohngebäude

Bautyp
zweigeschossiges Wohngebäude ohne Dachausbau

Entstehungsjahr
Vor dem Jahr 1914

Konstruktionstechnik
In Massivbauweise errichtetes Wohngebäude mit Satteldach

Grundcharakter
Wohngebäude

Details
Einfriedigungen zur Straße
Holz, Mauerwerk

Besonderheiten
./.

Zur Baugeschichte
Auf nachstehender Aufnahme ist das Gebäude bereits im Jahr 1941 zu erkennen. Das Gebäudealter ist nicht bekannt. Die Bauweise spricht für eine Errichtung vor dem ersten Weltkrieg.

Stilzuordnungen
Historismus

Ikonographie
Nicht vorhanden

Funktion / Verwendungszweck
Wohngebäude

Abbildung 80 Mitte; Sanierung des Gebäudes im Jahre 1998

Abbildung 81 Ansicht des Gebäudes (rechts) im Jahre 1941

Dorfplatz 10

Abbildung 82 Dorfplatz 10, Zeichnung Jonathan Gablenz 2021

Objektbezeichnung
Wohngebäude mit Nebengebäude

Straße, Haus Nr.
Dorfplatz 10

Postleitzahl
04420

Ort
Markranstädt OT Meyhen

Flurstücknummer
32/34, 30

Eigentümer
./.

Basisinformationen:
Hauptbauwerk
Wohngebäude

Bautyp
zweigeschossiges Wohngebäude mit Dachausbau

Entstehungsjahr
Vor dem Jahr 1914

Konstruktionstechnik
In Massivbauweise errichtetes Wohngebäude mit Krüppelwalmdach

Grundcharakter
Dreiseithof

Details
Einfriedigungen zur Straße
Holz, Mauerwerk

Besonderheiten
./.

Zur Baugeschichte
Zur ursprünglichen Bebauung liegen keine Informationen vor;
jedenfalls bestehen Wohngebäude und landwirtschaftliche
Nutzgebäude zu einem großen Teil bereits vor 1894. Zwischen
1894 und 1908 erfolgten mehrere Umbaumaßnahmen, für die
Planunterlagen vorliegen.

Stilzuordnungen
Historismus

Ikonographie
Nicht vorhanden

Funktion / Verwendungszweck
Wohngebäude mit landwirtschaftlichen Nebengebäuden

Abbildung 83 Ansicht der Gebäude im Jahr 1942

Abbildung 84 Ansicht um das Jahr 1992

Abbildung 85 Grundstücksansicht um das Jahr 1998

Abbildung 86 Ansicht des Grundstücks bei der Straßenerneuerung um das Jahr 1993

Abbildung 87 Innenhofansicht Wohngebäude 1998

Abbildung 88 Ansicht Straße 1998

Dorfplatz 11

Abbildung 89 Dorfplatz 11, Ansicht von Süden, Zeichnung Jonathan Gablenz 2021

Objektbezeichnung
Nebengebäude, ohne Wohngebäude

Straße, Haus Nr.
Dorfplatz 11

Postleitzahl
04420

Ort
Markranstädt OT Meyhen

Flurstücknummer
32/14

Eigentümer
./.

Basisinformationen:

Hauptbauwerk
Scheune

Bautyp
zweigeschossiges Nutzgebäude

Entstehungsjahr
Vor dem Jahr 1900

Konstruktionstechnik
In Massivbauweise errichtetes Nichtwohngebäude mit Satteldach

Grundcharakter
Ursprünglich: Dreiseithof

Details
Einfriedigungen zur Straße
Holz, Mauerwerk

Besonderheiten
./.

Zur Baugeschichte
Zur ursprünglichen Bebauung liegen keine Informationen vor; jedenfalls besteht das Wohngebäude im Jahr 1998 noch. Das Wohngebäude befand sich als Grenzbebauung zum Flurstück Nr. 32/4 hin gerichtet; die Traufe war mit der Grenze identisch. An der heutigen Grenze stehen ggf. noch Rest des Gebäudes (Ziegelmauerwerk) Die Scheune und das Nebengebäude sind im originalen Errichtungszustand.

Stilzuordnungen
Historismus

Ikonographie
Nicht vorhanden

Funktion / Verwendungszweck
Landwirtschaftliche Zweckbestimmung

Abbildung 90 Bebauung um 1993

Abbildung 91 Bebauung mit Wohnhaus, vor 1990

Dorfplatz 12,13

Abbildung 92 Dorfplatz 12 –13, Zeichnung Jonathan Gablenz 2021

Objektbezeichnung
Wohngebäude mit Nebengebäude

Straße, Haus Nr.
Dorfplatz 12,13

Postleitzahl
04420

Ort
Markranstädt OT Meyhen

Flurstücknummer
32/4, 27/3, 32/33, 32/16

Eigentümer
./.

Basisinformationen:

Hauptbauwerk
Wohngebäude

Bautyp
Zweigeschossiges Wohngebäude, mit Dachgeschossausbau

Entstehungsjahr
Nach dem Jahr 2000

Konstruktionstechnik
Kellergeschoss massiv; Erd- und Dachgeschoss in Holzständerbauweise mit Gefacheauskleidung errichtetes Wohngebäude.

Grundcharakter
Wohngebäude

Details
Einfriedigungen zur Straße
Holz, Mauerwerk, Metall

Besonderheiten
Das Kellergeschoss ist im Grundwasser gegründet. Rückseitig
befindet sich ein Teich.

Zur Baugeschichte
Zur ursprünglichen Bebauung des Flurstücks 32/4 (Haus Nr. 12)
liegen keine Informationen vor. Zu 32/33 (Haus Nr. 13) finden
sich ältere Bilder. Demnach war die dort vorhandene Wohnbebauung ähnlich wie das Gebäude Dorfplatz 1, allerdings mit
Krüppelwalmdach ausgestattet. Diese Wohnbebauung und die
nach Westen ausgerichtete Nutzbebauung wurden nach 2000
vollständig abgerissen. Anstelle der Nutzbebauung ist ein im
Jahre 2020 errichteter eingeschossiger Zweckbau (Scheune,

Garage) getreten – ebenfalls in Holzständerbauweise mit Gefacheauskleidung.

Stilzuordnungen
Moderne

Ikonographie
Nicht vorhanden

Funktion / Verwendungszweck
Wohnbebauung mit Nutzgebäude

Abbildung 93 Ansicht der Altbebauung von der Dorfmitte, Blickrichtung Richtung Osten

Abbildung 94 Altbebauung, rechte Hand, vor 1993

Dorfplatz 14

Abbildung 95 Dorfplatz 14, Zeichnung Jonathan Gablenz 2021

Objektbezeichnung
Wohngebäude mit Nebengebäude

Straße, Haus Nr.
Dorfplatz 14

Postleitzahl
04420

Ort
Markranstädt OT Meyhen

Flurstücknummer
32/28, 32/13, 32/19, 93,95, 32/12, 32/9

Eigentümer
./.

Basisinformationen:

Hauptbauwerk
Wohngebäude

Bautyp
Eingeschossiges Wohngebäude ohne Dachgeschossausbau, Vierseitenhof

Entstehungsjahr
Vor 1906; Umbauarbeiten vor 1984 und vor 1998

Konstruktionstechnik
Kellergeschoss massiv; Erdgeschoss massiv (Altbestand), Dachkonstruktion in Holz

Grundcharakter
Wohngebäude

Details
Einfriedigungen zur Straße
Holz, Mauerwerk

Besonderheiten
Vierseitenhof

Zur Baugeschichte
Die ursprüngliche Bebauung existiert bereits längere Zeit vor 1906. Auf einen Massivbau im Erdgeschoss folgte ein Fachwerk mit Ausfachungen im Obergeschoss und Dachgeschoss des Wohngebäudes. Das Dachgeschoss war nicht ausgebaut; es lag ein Satteldach vor.

Die rückwärtige Bebauung diente bis 1995 landwirtschaftlichen Zwecken; 1996 wurde die nach Süden ausgerichtete Bebauung zur Wohnnutzung ausgebaut. Noch im Jahre 1984 war diese Bebauung zweigeschossig; vor 1995 erfolgte der Abtrag des Ober-

und Dachgeschosses sowie die Ausstattung des Erdgeschosses mit einem Pultdach. Die nach Westen und Norden ausgerichtete Bebauung ist Originalbestand.

Stilzuordnungen
Historismus

Ikonographie
Nicht vorhanden

Funktion / Verwendungszweck
Wohnbebauung mit landwirtschaftlichen Nutzgebäuden

Abbildung 96 Ursprüngliche Bebauung vor 1906

Abbildung 97 Bebauung um 1984; das Erdgeschoss entspricht der Altbebauung

Abbildung 98 Ansicht des Objektes um 1998

Abbildung 99 Rückwärtige Bebauung um 1984

Abbildung 100 Umbaumaßnahmen im Jahr 1995

Abbildung 101 Zustand im Jahr 1996

Abbildung 102 Zustand rückwärtige Bebauung 1984

Abbildung 103 wie vor, im Jahre 1998

Dorfplatz 15

Abbildung 104 Dorfplatz 15, Zeichnung Jonathan Gablenz 2021

Objektbezeichnung
Wohngebäude mit Nebengebäude

Straße, Haus Nr.
Dorfplatz 15

Postleitzahl
04420

Ort
Markranstädt OT Meyhen

Flurstücknummer
32/27

Eigentümer
./.

Basisinformationen:
Hauptbauwerk
Wohngebäude

Bautyp
Zweigeschossiges Wohngebäude ohne Dachgeschossausbau, Dreiseitenhof

Entstehungsjahr
Vor 1906

Konstruktionstechnik
Erdgeschoss massiv, Obergeschoss als Fachwerk mit Ausfachungen, Dachkonstruktion in Holz

Grundcharakter
Wohngebäude

Details
Einfriedigungen zur Straße
Holz, Mauerwerk

Besonderheiten
Dreiseitenhof

Zur Baugeschichte
Zur Bebauung ist nichts weiter bekannt. Die vorhandene Bebauung ist sicher vor 1900 errichtet worden.

Stilzuordnungen
Historismus

232

Ikonographie
Nicht vorhanden

Funktion / Verwendungszweck
Wohnbebauung mit landwirtschaftlichem Nutzgebäude

Bilder aus der Vergangenheit liegen für dieses Objekt nicht vor.

Dorfplatz 16

Abbildung 105 Dorfplatz 16, Zeichnung Jonathan Gablenz 2021

Objektbezeichnung
Wohngebäude mit Nebengebäude

Straße, Haus Nr.
Dorfplatz 16

Postleitzahl
04420

Ort
Markranstädt OT Meyhen

Flurstücknummer
32/26

Eigentümer
./.

Basisinformationen:

Hauptbauwerk
Wohngebäude

Bautyp
zweigeschossiges Wohngebäude mit Dachgeschossausbau

Entstehungsjahr
Vor 1906; Umbauarbeiten erfolgten im Innenbereich

Konstruktionstechnik
Massivbau mit Krüppelwalmdach

Grundcharakter
Wohngebäude

Details
Einfriedigungen zur Straße
Holz, Mauerwerk

Besonderheiten
Mehrere Nebengebäude, teils ein-, teils zweigeschossig

Zur Baugeschichte
Zur Baugeschichte der unterschiedlichen Bauwerke auf dem Grundstücks sind keine Details bekannt.

Stilzuordnungen
Historismus

Ikonographie
Nicht vorhanden

Funktion / Verwendungszweck
Wohnbebauung mit landwirtschaftlichen Nutzgebäuden

Abbildung 106 Ansicht des Objektes um 1998

Dorfplatz 17

Abbildung 107 Dorfplatz 17, Zeichnung Jonathan Gablenz 2021

Objektbezeichnung
Wohngebäude mit Nebengebäude

Straße, Haus Nr.
Dorfplatz 17

Postleitzahl
04420

Ort
Markranstädt OT Meyhen

Flurstücknummer
32/25

Eigentümer
./.

Basisinformationen:

Hauptbauwerk
Wohngebäude

Bautyp
zweigeschossiges Wohngebäude mit Dachgeschossausbau

Entstehungsjahr
Vor 1945; Umbauarbeiten erfolgten im Innenbereich

Konstruktionstechnik
Massivbau mit Satteldach

Grundcharakter
Wohngebäude

Details
Einfriedigungen zur Straße
Holz, Mauerwerk

Besonderheiten
Nebengebäude, zweigeschossig

Zur Baugeschichte
Zur Baugeschichte der unterschiedlichen Bauwerke auf dem Grundstücks sind keine Details bekannt.

Stilzuordnungen
Historismus

Ikonographie
Nicht vorhanden

Funktion / Verwendungszweck

Wohnbebauung mit landwirtschaftlichen Nutzgebäuden

Abbildung 108 Ansicht des Objektes um 1998

Dorfplatz 1a

Abbildung 109 Dorfplatz 1a, Zeichnung Jonathan Gablenz 2021

Objektbezeichnung
Wohnhaus mit Nebengebäude

Straße, Haus Nr.
Dorfplatz 1

Postleitzahl
04420

Ort
Markranstädt OT Meyhen

Flurstücknummer
32/22

Eigentümer
./.

Basisinformationen:

Hauptbauwerk
Wohngebäude

Bautyp
Einfamilienwohnhaus, nicht unterkellert, Dachgeschoss ausgebaut, Krüppelwalmdach

Entstehungsjahr
Nach 1999

Konstruktionstechnik
In Fertigteilbauweise errichtetes Erdgeschoss und Dachgeschoss

Grundcharakter
Wohngrundstück

Details
Einfriedigungen zur Straße
Metall / Mauerwerk

Besonderheiten
Nebengebäude als Doppelgarage mit Flachdach

Zur Baugeschichte
Bis in das Jahr 1994 existierte ein zweigeschossiges Wohn- und Wirtschaftsgebäude mit Satteldach; Sandsteinwandungen an den Fensteranlagen im Erd- und Obergeschoss. Dazu gehörte ein im Norden liegendes eingeschossiges Nutzgebäude. Besonderes Detail des Nutzgebäudes war die nach Süden gerichtete Außenwand, die aus Ziegel errichtet war. Hier wechselten sich die langen und kurzen Seiten der Ziegel in jeder Lage.

Der Abriss erfolgte im Jahre 1994 (analog zu Dorfplatz 1)

Meuchener Straße 11

Abbildung 110 Meuchener Straße 11, Zeichnung Jonathan Gablenz 2021

Objektbezeichnung
Wohnhaus mit Nebengebäude

Straße, Haus Nr.
Meuchener Straße 11

Postleitzahl
04420

Ort
Markranstädt OT Meyhen

Flurstücknummer
32/23

Eigentümer
./.

242

Basisinformationen:

Hauptbauwerk
Wohngebäude

Bautyp
Mehrgeschossiges Wohngebäude, ältere Bauweise, Dachgeschoss nicht ausgebaut

Entstehungsjahr
Vor 1940

Konstruktionstechnik
Massiv errichtetes Wohngebäude mit Satteldach

Grundcharakter
Wohngrundstück mit landwirtschaftlichen Nutzgebäude

Details
Einfriedigungen zur Straße
Metall / Mauerwerk

Besonderheiten
Nebengebäude als landwirtschaftliches Betriebsgebäude, eingeschossig

Zur Baugeschichte
Zur Baugeschichte der baulichen Anlagen ist nichts weiter bekannt. Ein interessantes Detail gibt es zum Grundstück. Dieses Grundstück war früher im Besitz einer Familie Schütze; dieser Nachname diente als Namensgeber für den unmittelbar vor dem Grundstück gelegenen Schützenteich; dieser wurde im Rahmen von Straßenbauarbeiten 1928 zurückgebaut.

Abbildung 111 Ansicht des Objektes um 1998

Meuchener Straße 13

Abbildung 112 Meuchener Straße 13, Zeichnung Jonathan Gablenz 2021

Objektbezeichnung
Wohnhaus mit Nebengebäude

Straße, Haus Nr.
Meuchener Straße 13

Postleitzahl
04420

Ort
Markranstädt OT Meyhen

Flurstücknummer
96

Eigentümer
./.

Basisinformationen:

Hauptbauwerk
Wohngebäude

Bautyp
Mehrgeschossiges Wohngebäude, ältere Bauweise, Dachgeschoss nicht ausgebaut

Entstehungsjahr
Vor 1940

Konstruktionstechnik
Massiv errichtetes Wohngebäude mit Satteldach

Grundcharakter
Wohngrundstück

Details
Einfriedigungen zur Straße
Metall / Mauerwerk

Besonderheiten
Das rechts vom Wohngebäude bestehende Nutzgebäude befindet sich auf dem Nachbargrundstück, wird aber von Nr. 13 aus verwendet.

Zur Baugeschichte
Zur Baugeschichte der baulichen Anlagen ist nichts weiter bekannt.

Abbildung 113 Ansicht des Objektes 1998

Meuchener Straße 15

Abbildung 114 Meuchener Straße 15, Zeichnung Jonathan Gablenz 2021

Objektbezeichnung
Wohnhaus mit Nebengebäude

Straße, Haus Nr.
Meuchener Straße 15

Postleitzahl
04420

Ort
Markranstädt OT Meyhen

Flurstücknummer
29/5

Eigentümer
./.

Basisinformationen:

Hauptbauwerk
Wohngebäude

Bautyp
Eingeschossiges Wohngebäude, ältere Bauweise, Dachgeschoss nicht ausgebaut

Entstehungsjahr
Vor 1940

Konstruktionstechnik
Massiv errichtetes Wohngebäude mit Satteldach

Grundcharakter
Wohngrundstück

Details
Einfriedigungen zur Straße
Metall / Mauerwerk

Besonderheiten
Zweigeschossiges Nutzgebäude links vom Wohngebäude; Baujahr unbekannt

Zur Baugeschichte
Zur Baugeschichte der baulichen Anlagen ist nichts weiter bekannt.

Eisdorfer Weg 1

Abbildung 115 Eisdorfer Weg 1, Zeichnung Jonathan Gablenz 2021

Objektbezeichnung
Wohnhaus mit Nebengebäude

Straße, Haus Nr.
Eisdorfer Weg 1

Postleitzahl
04420

Ort
Markranstädt OT Meyhen

Flurstücknummer
489/149

Eigentümer
./.

Basisinformationen:
Hauptbauwerk
Wohngebäude

Bautyp
Zweigeschossiges Wohngebäude

Entstehungsjahr
2021

Konstruktionstechnik
Massiv errichtetes Wohngebäude mit Zeltdach

Grundcharakter
Wohngrundstück mit landwirtschaftlichem Betriebsgebäude

Details
Einfriedigungen zur Straße
Nicht vorhanden

Besonderheiten
Zweigeschossiges Nutzgebäude aus Ziegelmauerwerk, Satteldach und Tondeckung.

Zur Baugeschichte
Das Objekt weist eines der interessantesten baugeschichtlichen Aspekte von Meyhen auf. Es ist der Standort des ehemaligen Gasthofs „Friedenseiche", dessen Ursprung nicht bekannt ist. Seine Lage unterstreicht die Wichtigkeit des Fernwegs zwischen Schkeitbar und Meuchen, denn dieser verlief unmittelbar davor.

Abbildung 116 Ansicht des alten Gasthofs von 1998

Abbildung 117 wie vor

Abbildung 118 Ansicht der Bebauung vor 1916; Auszug aus einer Postkarte

Abbildung 119 Ansicht vor 1930

Abbildung 120 Ansicht vor 1998

Eisdorfer Weg 2

Objektbezeichnung
Bauplatz

Straße, Haus Nr.
Eisdorfer Weg 2

Postleitzahl
04420

Ort
Markranstädt OT Meyhen

Flurstücknummer
56/15, 53

Basisinformationen:

Hauptbauwerk
Nicht bebaut

Bautyp
Nicht bebautes Grundstück; bis in das Jahr 2020 fand sich dort eine Garagenanlage, zweigeschossig, mit Satteldach.

Entstehungsjahr
Vor 1940

Konstruktionstechnik
Ehem. massiv errichtetes Wohngebäude mit Satteldach

Eisdorfer Weg 4

Abbildung 121 Eisdorfer Weg 4, Zeichnung Jonathan Gablenz 2021

Objektbezeichnung
Wohngebäude mit Nebengebäude

Straße, Haus Nr.
Eisdorfer Weg 4

Postleitzahl
04420

Ort
Markranstädt OT Meyhen

Flurstücknummer
56/11

Eigentümer
./.

Basisinformationen:

Hauptbauwerk
Wohngebäude

Bautyp
Zweigeschossiges Wohngebäude

Entstehungsjahr
Nach 2018

Konstruktionstechnik
Aus Holz errichtetes Wohngebäude mit Satteldach

Grundcharakter
Wohngrundstück

Details
Einfriedigungen zur Straße
Drahtzaun

Besonderheiten
eingeschossiges Nutzgebäude rechts vom Wohngebäude; Baujahr wie Wohnhaus

Zur Baugeschichte
Zur Baugeschichte der baulichen Anlagen ist nichts weiter bekannt.

Eisdorfer Weg 6 (ehemals Meuchener Straße 2)

Abbildung 122 Eisdorfer Weg 6, Zeichnung Jonathan Gablenz 2021

Objektbezeichnung
Wohngebäude mit Nebengebäude

Straße, Haus Nr.
Eisdorfer Weg 6

Postleitzahl
04420

Ort
Markranstädt OT Meyhen

Flurstücknummer
Nicht bekannt

Eigentümer
./.

Basisinformationen:
Hauptbauwerk
Wohngebäude

Bautyp
Zweigeschossiges Wohngebäude mit Dachgeschossausbau

Entstehungsjahr
Nach 1953

Konstruktionstechnik
Massiv errichtetes Wohngebäude mit Satteldach

Grundcharakter
Wohngrundstück

Details
Einfriedigungen zur Straße
Drahtzaun

Besonderheiten
eingeschossiges Nutzgebäude links vom Wohngebäude; Baujahr älter als das Wohnhaus; ehemalige Stallungen

Zur Baugeschichte
Zur Baugeschichte der baulichen Anlagen ist nichts weiter bekannt. Vermutlich wurde das Wohngebäude durch das Unternehmen des Tagebaus Kulkwitz errichtet, die in diesem Gebäude betriebseigene Mitarbeiter unterbrachten. Der Tagebau Kulkwitz betrieb ab etwa 1957 Tiefbrunnen auf der Gemarkung Meyhens.

Abbildung 123 Bauwerk im Jahre 1998; im Vordergrund Betriebsgebäude, welches 2021 nicht mehr besteht

Abbildung 124 Die Bebauung vor Neuherstellung der Kreisstraße

Die Teiche Meyhens

In Meyhen gab es seit ältestem Gedenken mindestens vier Teiche. Drei Teiche sind detaillierter hier beschrieben; der vierte Teich ist mit Brandschutt befüllt und befand sich im westlichen Dorfteil.

Der Schützenteich

Der Schützenteich befand sich am Eingang zum Dorf, gegenüber dem heutigen Grundstück Meuchener Straße 11 (auf den Flurstück Nummern 37/1 und 37/2). Frühere Bewohner dieses Anwesens war die Familie Schütze (damals Dorf Nr. 18); so erhielt der Teich seinen Namen. Der Schützenteich wurde bereits 1927 beim Ausbau der Straße von Schkeitbar nach Meuchen eingeebnet. Noch im Jahre 1998 zierten diese Grünfläche Ahornbäume; mit dem Ausbau der Straße um 2016 wichen die Bäume ebenfalls.

Abbildung 125 Ansicht Schützenteich; rechts der "Ballsaal" der Gaststätte, Blickrichtung nach Osten, im Vordergrund die „Friedenseiche"

Abbildung 126 Bereich des ehemaligen Schützenteichs

Abbildung 127 wie vor

Der Dorfteich

Der Dorfteich befand sich vor den Grundstücken Dorfplatz Nr. 8 und Nr. 9 mitten im Dorf (heute Teil des Flurstücks Nr. 90). Er war weder groß noch tief. Eingefasst war dieser Teich mit großen Findlingen. Umsäumt war der Teich mit Pappeln. Er wurde nicht als Badeteich benutzt; im Winter bildete die Eisfläche eine Eisbahn für die Kinder.

Der Dorfteich war in den frühen Jahren dadurch geprägt, dass die Abwässer der umgebenden Höfe in den Teich eingeleitet wurden. Dies führte zur Verschlammung und zum Versiegen des Teichs. Um das Jahr 1976 wurde er zugeschoben; auf seiner Fläche entstand eine Wiese.

Abbildung 128 Dorfteich um 1916; Blickrichtung auf den Teich Richtung Westen, im Hintergrund die Einfahrt zum Dorf

Abbildung 129 Dorfteich, um 1941, Blickrichtung Richtung Westen

Abbildung 130 Dorfteich, Blickrichtung Richtung Norden

Der Angerteich

Der Angerteich war der dritte Teich in und rund um Meyhen. Er liegt am Ende von Meyhen in Richtung Meuchen auf der rechten Seite. Früher war dieser Teich der größte und tiefste Teich in Meyhen. An schönen Sommertagen war der Teich beliebtes Ausflugsziel, nicht nur von den Einwohner Meyhens.

Bis Ende der 1970 er Jahre führte der Teich Wasser. Eine zusätzliche Speisung erfolgte durch die Brunnen in Meyhen. Als dieser Zulauf gesperrt wurde, trocknete der Teich aus. Früher war der Teich mit Pflaumenbäumen umsäumt; heute ist er von hohen Pappeln umgeben.

Abbildung 131 Verwilderter Teich, um 1998

Abbildung 132 Teichanlage um 1916

Das Armenhaus

Zu Meyhen gehörte ein Armenhaus (erste Erwähnung in den Separationsunterlagen 1855), um bedürftigen Einwohnern ein Obdach zu geben. Es stand östlich neben dem Kriegerdenkmal, besaß eine Größe von ca. 4,50 x 8,00m und Mauern aus Lehmformsteinen von 0,5 Meter Stärke. Zwei Räume boten ca. 24 m² Platz. Keller und Nebengebäude gab es nicht. Eine Treppe führte auf den Boden, der vermutlich zum Schlafen diente. Nach Unterlagen der Volkszählung von 1895 war das Armenhaus jedoch unbewohnt und wurde in den folgenden Jahren als Spritzenhaus, für kleine Feiern und als Garage genutzt. Im Juli 1998 wurde es abgerissen.

Abbildung 133 Armenhaus, vor dem Abbruch 1998

Abbildung 134 Bestand vor dem Abbruch 1998

Abbildung 135 Abbruch, wie vor

Abbildung 136 Abbrucharbeiten

Abbildung 137 Abbrucharbeiten

Abbildung 138 Abbrucharbeiten

Abbildung 139 Abbrucharbeiten

Der Straßenausbau und fließendes Wasser

Meyhen war bis ins Jahr 1993 ohne eine öffentliche Trinkwasserversorgung. Bis auf ein Gebäude (Eisdorfer Weg 6, früher: Meuchener Straße 2) waren alle anderen Höfe mit Brunnen ausgestattet, aus denen bis zum Jahr 1993, wie die Jahrhunderte zuvor, das Wasser geschöpft wurde – mit elektrischen Pumpen oder wie auf dem Hof von Ernst Reinhardt noch mit Handpumpe. Damit war Meyhen der letzte Ort im Landkreis Leipziger Land, der mit Trinkwasser versorgt wurde. Die neuen Leitungen gingen im September 1993 in Betrieb.

Mit der Zuwasserversorgung erfolgte auch ein Ausbau des Straßensystems im Ort. Neben einem modernen Pflasterbelag wurde auch die Straßenbeleuchtung vollständig neu hergestellt. Bis zu diesem Zeitpunkt waren die Straßen im Ort unbefestigt.

Abbildung 140 Zustand kurz vor Beginn der Arbeiten

Die Friedenseiche

Fährt man von Schkeitbar nach Meuchen, fällt direkt in der Orts-
mitte auf der linken Seite ein prachtvoller Baum auf: Die Friedenseiche. Dieser Baum wurde im Jahre 1933 auf Initiative des
damaligen Bürgermeisters Pfefferkorn zu Ehren Adolf Hitlers gepflanzt und von der Familie Wetzel (damals Nr. 12) gestiftet. Der
Baum ersetzt einen früheren Baum, der wohl nach Ende des
deutsch-französischen Kriegs 1870/1871 gepflanzt worden war.

Jener Baum war damals zwischen den Gebäuden Nr. 18
(Schütze, heute Meuchener Straße 11) und Nr. 22 (Herrler,
heute Eisdorfer Weg 1) angepflanzt worden – in der Nähe des
sog. „Schützenteichs".

Eine Anekdote erzählt, dass unter der heutigen Eiche eine Fla-
sche mit den Namen des damals jüngsten Meyheners (Helmut
Fiedler) und der ältesten Meyhenerin (Emilie Erbe) sowie Geld
in der damaligen Währung liegen soll.

Abbildung 141 Die Friedenseiche

MEYHEN – GEDICHTE

Dass die Liebenswertigkeit Meyhens auch die Künste anspricht, erkennt man spätestens dann, wenn man sich mit dem Ort näher befasst.

Zwei Gedichte aus der Vergangenheit sollen auch in dieser Chronik nicht fehlen; sie sind untrennbar mit dem Ort und seiner Geschichte verbunden und damit Dokumente der Zeitgeschichte von Meyhen.

Gustav Bratfisch, 1928:

Wunderbares Dörflein Meyhen,

dem Verschönerungsverein

tönen heute meine Lieder

„Ja, dich kennt man kaum noch wieder".

Wundervolle Friedenseiche

Leider fehln ihr nur die Zweige

Militärisch zugestutzt

Viel zu sehre rausgeputzt

Seht nur auf dem Marktplatz hin,

prachtvoll die Kastanien blühn,

nach Italien darfst du nicht reisen,

kannst`s zu Hause billiger leisten.

Aus Ruinen gar nicht weit,

nachts das Totenkäuzlein schreit.

Und wird singen hier zu Lande

An der Saale hellem Strande

Kriegerdenkmal hoch und höher,

Dörflein Meyhen, was willst du mehr?

Aufgebaut in aller Eile,

die Berliner Siegessäule

Aber eines fehlt noch stark,

Dichter dunkler Tannenpark.

Liebespärchen mit Vergnügen,

Könnten nachts herum dort kriegen.

Ist der später einmal da,

rufen bravo und hurra

alle fröhlichen Gesichter,

und zufrieden stirbt der Dichter!

Waltraud Härtel, 1998:

Mitten drin liegt`s im weiten Land,

so klein, dass es vielen gar nicht bekannt.

Ausschaut`s als hätt der Herrgott ein Spielzeug verloren,

was er dann hat zu unserem Dorf erkoren.

Seit 550 Jahren besteht es – eine lange Zeit,

birgt in sich Generationen voll Freude und Leid,

Hat viel erlebt in all den Jahren,

Gutes und Böses ist ihm widerfahren.

Hin und her ward der Ort oft gerissen,

keiner der Regenten wollte ihn missen!

Viele Landesherren haben regiert,

wie es dem Volk ging, hat keinen geniert.

Schlachten und Kriege zogen über das Land,

mancher vom Dorf seinen Heldentod fand,

aber die Menschen mit ihrer Kraft

haben es immer wieder geschafft.

Sie haben ihr Dörflein tapfer erhalten,

Ließen das Schlechte und Böse nicht walten,

lebten rechtschaffen in ihrer kleinen Welt,

haben in unserer Flur die Äcker bestellt.

Das Leben pulsierte wieder im Land,

manches Paar am Traualtar stand.

Kinder hielten ihr Umfeld in Trapp,

lösten Generationen dann ab.

Aber auch dass muß man dazu noch sagen,

manch einer wurde zu Grabe getragen.

So ist das Leben – bergauf und bergab,

jeder von ihnen sein Bestes stets gab.

Streit ward geschlichtet – jeder bemüht,

dass sein Dorf auch wieder erblüht.

Blühende Felder, saftige Wiesen

Ließen den Wohlstand im Dorf nun sprießen.

Es war eine gute, zufriedene Zeit

groß war das Glück, kleiner das Leid.

Dann noch ein Krieg, den wir auch verloren,

hat wieder karge Zeiten beschworen.

Das Land und die Menschen wurden geteilt,

das brachte wieder Kummer und Leid.

Was in schwerer Arbeit erschafft

Hat der Staat nun alles gerafft!

Als Eigentum blieb nur Hof und Haus,

und unser Dorf starb langsam aus.

Die Jungen suchten in der Stadt ihr Glück,

nur selten kam einer von ihnen zurück.

Still und einsam ward es daheim,

wie sollte es denn auch anders sein?

Jetzt hat das Volk sich wieder vereint

Und schöner wird`s wieder, wie es so scheint.

Die Jugend kommt aufs Land zurück,

aus manchem Fenster schaut neues Glück,

Fröhliches Lachen wieder erklingt,

und eine gute Zukunft uns winkt.

Kinder beleben des Ortes Idyll,

schon lange war es nicht mehr so still.

Strahlende Kinderaugen lachen uns an,

um die Zukunft ist`s keinem mehr bang.

Gedeihe weiter, mein kleiner Ort,

wir lieben dich alle, drauf steht unser Wort!

Tragt es hinaus in die weite Welt

Wie es unser kleinen Flecken gefällt!

Gebt es allen lautstark bekannt:

Meyhen – mein Dorf wird jetzt öfter genannt.

MEYHEN – DIE MENSCHEN DAMALS

Einführung

Das Dorf Meyhen wurde einst angelegt, um eine Siedlung mit arrondierter landwirtschaftlicher Fläche zu schaffen, die das Überleben ermöglichen konnte, ohne auf die Zufuhr von Waren von außen angewiesen zu sein.

Das bäuerliche Leben

Der Anteil der bäuerlichen Bevölkerung betrug während des gesamten Mittelalters mit nur unwesentlichen Schwankungen etwa 90 %. Die Bauern gehörten zum dritten Stand, der die Basis für den Reichtum des ersten und zweiten Standes, Klerus und Adel, erarbeitete und für die Versorgung der Bevölkerung mit Nahrungsmitteln sorgte. Obwohl die Bauern diese gesellschaftlich wichtige Aufgabe erfüllten, war ihr Ansehen niedrig. Dieses Faktum beruhte auch auf der geringen Wertschätzung, die der körperlichen Arbeit entgegengebracht wurde. Die Rechte der Bauern hingen weitgehend davon ab, welchen Status sie innerhalb ihres Standes innehatten. So gab es die freien, die halbfreien und die unfreien Bauern. Für Halbfreie und Unfreie bedeutete das Rechts- und Wirtschaftssystem der Grundherrschaft, dass sie sowohl wirtschaftlich als auch rechtlich und sozial von ihren Grundherren abhängig waren.

Einrichtung der bäuerlichen Häuser

Eine Hälfte des bäuerlichen Hauses diente als Wohnung, die andere als Stall und Scheune. Mittelpunkt des Hauses war die Feuerstelle, die zum Heizen und Kochen genutzt wurde. Der Rauch entwich durch eine Öffnung im Dach, das sogenannte Eulenloch. In der Regel bereitete die Bäuerin zwei Mahlzeiten am Tag zu, die sie morgens und nach getaner Arbeit am Abend auftischte. Die Möblierung war einfach und zweckmäßig. Eine rohe Holzkiste diente als Truhe; es gab einen Tisch, um den herum mehrere Schemel gestellt waren. Die Erwachsenen schliefen auf Pritschen aus Holzbrettern, auf die ein Strohsack gelegt wurde, als Decke wurde ein Schaffell benutzt. Die Kinder nächtigten auf dem Fußboden im aufgeschütteten Stroh.

Arbeitsalltag der Bauern

Der überwiegende Anteil der bäuerlichen Arbeit wurde auf den Feldern verrichtet. Der Arbeitstag des Bauern begann bei Sonnenaufgang und endete erst mit dem Einbruch der Dunkelheit. Der Alltag der Bauern war vor allem bestimmt durch den jahreszeitlichen Zyklus. Im Frühjahr bestellten sie die Äcker, pflügten und säten aus. Sommer und Frühherbst waren durch Ernte- und Pflugarbeiten geprägt. Die Bauern des Mittelalters waren jedoch nicht nur Feldbauern, sondern auch Viehhalter. Rinder wurden als Zugtiere und als Lieferanten von Milch, Fleisch und Leder gehalten. Auch Schweine zählten zum Viehbestand. Darüber hinaus war Federvieh ebenso Bestandteil des bäuerlichen Hofes wie Schafe, die zur Gewinnung von Wolle für die Kleidung wichtig waren. Die Versorgung des Viehs war somit – neben der Feldarbeit – eine weitere zeitintensive Verpflichtung.

Arbeitsalltag der Bäuerinnen

Die Aufgaben der Bäuerinnen waren vielfältig. Sie hatten nicht nur an der Feldarbeit teilzunehmen, sondern auch den Garten zu bestellen und alle Arbeiten im Haushalt zu erledigen. Dazu gehörte – neben den alltäglichen Verrichtungen – die Kinderaufzucht und die Herstellung der Materialien für die Kleidung sowie ihre Anfertigung. Die Gesundheit der Bäuerinnen war aufgrund ihrer schwächeren Konstitution häufig gefährdet, denn gleichzeitig waren viele Frauen fast fortwährend schwanger. Jede Entbindung bedeutete ein hohes Risiko, diese nicht zu überleben. Wohl auch deshalb wurden Schwangere unter besonderen Schutz gestellt und waren während der Schwangerschaft beispielsweise von bestimmten Abgaben befreit.

Eheschließungen, Geburten und Lebenserwartung

Generell war die Eheschließung im Mittelalter vorrangig ein Rechtsgeschäft, bei dem zwei Familien eine engere, vor allem ökonomische Verbindung eingingen. Transparent wurde diese Grundlage der Ehe über die Mitgift, die die Braut mit in die Ehe zu bringen hatte. Neben dem materiellen Aspekt war der Hauptzweck einer Ehe die biologische Reproduktion, Kinder sollten gezeugt, geboren und aufgezogen werden. Die Kinder waren für die Bauern auch im Hinblick auf die Möglichkeit ihres Einsatzes als Arbeitskräfte unentbehrlich. Bildungsmöglichkeiten für Kinder des dritten Standes gab es bis ins Spätmittelalter, als die ersten öffentlichen Schulen gegründet wurden, so gut wie keine, sodass Analphabetentum unter den Bauern nicht Ausnahme, sondern Regelfall war.

Die Kindersterblichkeitsrate lag hoch. So blieb nur etwa jedes zweite Kind nach der Geburt am Leben, die Chance in einem bäuerlichen Haushalt das Erwachsenenalter zu erreichen, war äußerst niedrig. Nur zwei bis drei von acht Säuglingen starben nicht als Kleinkind. Die Ursache für die durchschnittliche Lebenserwartung von 25 Jahren im Frühmittelalter lag vor allem in diesem Umstand. Erst im Hochmittelalter stieg die Lebenserwartung dank des allgemeinen zivilisatorischen und medizinischen Fortschritts auf immerhin 50 Jahre an.

Ernährung der Bauern

Die Nahrung der Bauern bestand im Wesentlichen aus den Lebensmitteln, die sie selbst produzierten.

In der Regel war die Ernährung der Bauern einfach und einseitig. Tierisches und pflanzliches Eiweiß zählten im Frühmittelalter zu den Hauptbestandteilen der Mahlzeiten. Milchprodukte, Fleisch, Eier, Kohl, Rüben, Hülsenfrüchte und ab dem Hochmittelalter auch Getreide zählten zu den Lebensmitteln, die verzehrt wurden. Das Getreide wurde zu Brot verbacken, häufiger war jedoch zunächst die Verarbeitung der diversen Getreidesorten zu einem zähflüssigen Brei. Getrunken wurden überwiegend Wasser und Molke, selbst gebrautes Bier und regional abhängig auch Wein. Obwohl der Adel über das Privileg der Jagd und somit über das Wildbret verfügte sowie Zugang zu kostbaren, exotischen Lebensmitteln und Gewürzen hatte, unterschied sich die Ernährung der Bauern insgesamt kaum hinsichtlich der Qualität, sondern vor allem durch die Quantität von der Ernährung der höheren Stände.

Leben in der Dorfgemeinschaft

Außer im Falle von Einödhöfen standen die Bauernhäuser im Verband eines Dorfs. Das gemeinsame Siedeln in Dorfgemeinschaften war dabei die häufigere Variante, denn zum einen wuchs die Sicherheit der Dorfbewohner im Hinblick auf mögliche feindliche Übergriffe, zum anderen konnte gegenseitige Hilfe bei der Bewältigung der Arbeit problemlos organisiert werden. Die bäuerlichen Haushalte halfen sich jedoch weniger aus altruistischen Motiven, sondern eher aus einer Haltung der ökonomischen Vernunft. Die Dorfbewohner mussten sich an das bestehende Sozialgefüge anpassen und die Dorfordnung einhalten, die aus Ge- und Verboten bestand.

Im Hoch- und Spätmittelalter kamen die sogenannten Weistümer hinzu, die sich als Sammlungen von Dorfrechten ausführlich mit dem Dorfgeschehen beschäftigten. In ihnen sind strikte Vorschriften zur Nachbarschaftshilfe schriftlich fixiert. So war der Bauer in der Pflicht, seinem Nachbarn beim Hausbau zu helfen. Vereinzelt unterstützten sich die Bauern auch gegenseitig bei der Feldarbeit. Karitative Verpflichtungen gegenüber den ärmsten des Dorfes – den Witwen und Waisen – gab es ebenfalls. Die Teilnahme an den zumeist mehrmals jährlich stattfindenden Dorfversammlungen war ebenso bindend. Doch auch Feste wussten die Bauern zu feiern. Sie fanden auf dem Anger unter freiem Himmel statt und waren eine willkommene Abwechslung zum eher tristen und harten Alltag des Lebens.

Die Landwirtschaft war während der gesamten Epoche des Mittelalters der mit Abstand wichtigste Wirtschaftszweig. Selbst gegen Ende des 15. Jahrhunderts, als die Zahl der Städte erheblich zugenommen hatte, lebten noch zwischen 80 und 90 Prozent der Bevölkerung auf dem Land und arbeiteten im Agrarsektor. Im mittelalterlichen Europa gab es jedoch große Unterschiede bezüglich des Anbaus der verschiedenen Nutzpflanzen, die durch die jeweilige geografische Lage bedingt waren. West- und Mitteleuropa gehörten aufgrund der günstigen klimatischen Bedingungen und Bodenverhältnisse zu den Agrarzonen, in denen die höchste Vielfalt anzutreffen war. Während einige Gebiete im Norden und Osten bei der Entwicklung der landwirtschaftlichen Produktion sehr rückständig waren, existierten in Gallien und in den Ländern des Mittelmeerraums bereits im 10. Jahrhundert spezialisierte landwirtschaftliche Betriebe. Die Agrartätigkeit war vom Früh- bis zum Spätmittelalter insgesamt geprägt durch den Feudalismus und die Installation der Grundherrschaft als ein wesentliches Merkmal.

Landwirtschaft im Frühmittelalter

Im Frühmittelalter wurden die Anbauflächen für Getreide in der Bewirtschaftungsform der Feldgras- und Zweifelderwirtschaft bearbeitet. Die technische Ausstattung mit Geräten war einfach und die Arbeit der Bauern gestaltete sich entsprechend zeitintensiv und mühselig. Getreideanbau und Viehhaltung waren die vorrangigen Bereiche, in denen sich die Angehörigen der ländlichen Bevölkerung betätigten.

Sicherung der Grundlagen für Ernährung und Kleidung

Die Viehzucht stellte einen Teil der Ernährung der Gesamtbevölkerung sicher. Die Tiere lieferten nicht nur Fleisch, Milch und Eier, sondern auch Ausgangsmaterialien für die Kleidung wie etwa Wolle oder Leder. Der Getreideanbau hatte ebenfalls vielfach die Doppelfunktion einerseits die Ernährung zu sichern und andererseits die Materialien für die Stoffe zu liefern. So diente etwa der Flachsanbau gleichzeitig zur Gewinnung von Leinöl und von Fasern, aus denen Leinen hergestellt wurde. Insgesamt war die Ernährungslage des größten Teils der Bevölkerung im Frühmittelalter jedoch oft recht kärglich, einfach und wenig abwechslungsreich.

Landwirtschaft im Hochmittelalter

Ab dem 11. bis zum 13. Jahrhundert war die Agrarwirtschaft durch eine stetige Ausbreitung gekennzeichnet. Ursächlich begründet war diese Expansion in dem enormen Bevölkerungswachstum während dieser Zeitspanne. In vielen Ländern Europas kam es zwischen dem 11. und 14. Jahrhundert zu einer Verdopplung beziehungsweise Verdreifachung der Bevölkerung. Diese Sachlage führte zu umfangreichen Rodungen und

Erschließungen von Gebieten, die bis dahin landwirtschaftlich ungenutzt waren. Die Ausweitung der Anbauflächen ging einher mit technologischem Fortschritt, der sich auch in der Agrarwirtschaft zeigte.

Technologischer Fortschritt im Hochmittelalter

Verschiedene Tätigkeiten der Bauern wurde durch den flächendeckenden Einsatz von weiter entwickelten Landmaschinen wie Pflügen, Wagen und Handgeräten, erleichtert, was zum einen zu mehr Effizienz bei der Arbeit und zum anderen zu höheren Erträgen führte. Gleichzeitig wurde eine intensivere Bearbeitung der Böden durch verbesserte Anspannungen für Pferd und Rind möglich. Die Bodennutzungsformen in der Landwirtschaft änderten sich im Hochmittelalter insgesamt zugunsten einer höheren Ausbeutung und einer deutlichen Ertragssteigerung. Insbesondere die Einführung der Dreifelderwirtschaft, die ab dem 12. Jahrhundert die älteren Bewirtschaftungsformen der Feldgras- und Zweifelderwirtschaft ablöste, trug wesentlich zur Erhöhung der Erntemengen bei. Mit der Umstellung auf die Dreifelderwirtschaft konnte auch der Gemüse-, Obst- und Weinanbau gezielt ausgebaut werden, sodass die Ernährungslage der Gesamtbevölkerung besser und vielfältiger wurde.

Dreifelderwirtschaft

Im Zusammenhang mit dem Bevölkerungswachstum im Hochmittelalter verstärkte sich die Notwendigkeit, die Bewirtschaftungsformen in der Landwirtschaft zu verändern, um die enorm gestiegene Anzahl an Menschen mit Nahrungsmitteln zu versorgen. Eine Ausbreitung des Getreideanbaus zeigte sich nun überall. Selbst in Regionen, in denen die klimatischen Verhältnisse ungünstig waren, wie etwa in den regenreichen Küstenzonen, stieg die Anzahl der Äcker, auf denen nun Getreide angebaut wurde. Das Landschaftsbild vieler Regionen veränderte sich dadurch nachhaltig. Wälder wurden gerodet und Ländereien, die zuvor als Weideflächen für das Vieh gedient hatten, wurden zu Anbauflächen für Getreide. Der Ackerbau verdrängte die Viehzucht insofern, als die Haltung von Vieh nun einen deutlich niedrigeren Stellenwert genoss. Die nun installierte Dreifelderwirtschaft führte zu einer deutlichen Steigerung der Erträge. Die Abfolge bei dieser Bewirtschaftungsform sah vor, dass eines der drei Felder für gewisse Zeit unbearbeitet bleiben sollte, damit der Boden sich erholen konnte und nicht auslaugte. Sommerfeld, Winterfeld und Brache wurden nun regelmäßig abwechselnd genutzt.

Landwirtschaft im Spätmittelalter

Das Spätmittelalter war auch im Agrarsektor durch den ausgeprägten Bevölkerungsrückgang bestimmt. Seit Mitte des 14. Jahrhunderts wütete die Pest und dezimierte die Bevölkerung, sodass der Bedarf an Nahrungsmitteln und Materialien für Kleidung deutlich zurückging. Dieses Faktum führte zu sinkenden Preisen und reduzierte die Höhe der Einkommen der Bauern, aber auch die der Grundherren, drastisch. Die Agrarkrise, die nun entstand, war im Wesentlichen eine Einkommenskrise, jedoch spielte auch der Mangel an Arbeitskräften eine Rolle, denn die europäische Gesamtbevölkerung war mit der letzten Pestepidemie im 15. Jahrhundert um mehr als ein Drittel gesunken.

Verödete Landstriche

Als Folge des Bevölkerungsrückgangs war das Spätmittelalter durch die sogenannten Wüstungen gekennzeichnet. Menschenleere Orte gab es nun in vielen Landschaften. Der Prozess der Wüstung durch den pestbedingten Bevölkerungsverlust wurde noch verstärkt durch die Abwanderung der Bauern in Gebiete mit besseren wirtschaftlichen Möglichkeiten. Auf diese Weise versuchten sie, den Preisverfall für Getreide und andere landwirtschaftliche Erzeugnisse auszugleichen, denn die niedrigen Preise schmälerten ihr Einkommen beträchtlich.

Reaktion der Grundherren auf die Agrarkrise

Auch die Einkommen der Grundherren sanken in der spätmittelalterlichen Agrarkrise. Sie begegneten der Krise in unterschiedlicher Weise, jedoch war die Strategie, die die meisten Feudalherren verfolgten, eine Erhöhung der Abgabenlast ihrer Bauern. Die Härte, mit denen viele der Grundherren gegen ihre Untertanen vorgingen, führte zum Widerstand der Bauern, der sich in Abwanderung oder Flucht ausdrückte.

Aus dem bäuerlichen Leben Meyhens

Die nachfolgenden Bilder und Anmerkungen sind Sequenzen eines Lebens in Meyhen durch die Geschichte. Naturgemäß können sie nur zeigen, was fotografiert werden konnte.

Abbildung 142 Alfred, Klara und Olga Petzold, 1915

Abbildung 143 Willy Schmid, 1930

Abbildung 144 Alfred Stengler 1941

Abbildung 145 Gerhard Schmidt, 1940

Abbildung 146 Bruno Ohme 1940

Abbildung 147 Horst Schmidt, Hans Lörner, Gerhard Albrecht, Klaus Mehnert

Handwerk in Meyhen

In Meyhen gab es nicht nur Bauern und Landwirtschaft, sondern immer wieder – durch alle Zeiten – auch eine Vielzahl von Handwerkern. Dies dokumentierte ab 1693 das kirchliche Sterberegister, in dem der Handwerksstand mit eingetragen wurde. So fanden sich nicht nur Schuhmacher, sondern auch Zimmermänner, Hufschmiede, Schneider und ein Böttcher unter den Einwohnern, die im Register genannt wurden.

1631 ist erstmals ein Meyhener, Hans Kahle, als Handwerker (Schneider) erwähnt. Im Jahre 1693 wurde der Schuster Michael Voigt erwähnt. 1716 und 1727 wurden Georg Ludwig und Christoph Becher als Hufschmiede benannt. 1726 arbeitete hier Hans Bock, ein Böttcher. Zimmermänner gab es u.a. der 1740 erwähnter Johann Spindler und der im Jahre 1778 im Zusammenhang mit der Sanierung der Kirchspitze in Lützen genannte Meister Bilchen aus Meyhen.

Todesfälle in Meyhen

Auszug aus der Chronik von Elke Burgdorf aus dem Jahre 1998:

Tragische Todesfälle

Aus dem kirchlichen Sterberegister von Schkeitbar von 1590 - 1801

1599
Nachfolgende Personen sind Dystenteria gestorben:
Maria Meinert
Adam Görgs Sohn   23.August
Barbara Kutzschmann   3.September
Alm Schlaf   4.September
Frau Herting   22.Oktober
                                                         25.Oktober

1702
Andreas Fiedler der Jüngere, welcher Dienstag, den 4.April vormittags
geackert, und als er mittags nach Hause gekommen, hat er das Pferd,
welches sehr wach und nützlich gewesen, in absteigen ein...sig gewie-
hart, solches alsobalden nebst dem anderen Pferd angefangen fortzu-
laufen. Er unversehens in die Stränge gefallen, und ihn darinnen hän-
gend zum Dorfe bis an Valtin Schröters Wiese hinaus erbärmlichen ge-
schleppet, den Rückrat ganz und gar gebrochen, dass er dadurch Nachmittag um zwei Uhr mit grossen Schmerzen seinen Geist aufgeben musste,
53 Jahr, 2 Monate.

1707
Maria Illgen   20.März
Hans Schröter   24.Juli
Hans Neeben   6.September
Elisabeth Fiedler   12.September
Eva Fiedler   18.September
Magdalena Fiedler   2.Oktober

Die in diesem Jahre, sowohl alte als junge Personen haben meistenteils
ihr Leben durch die Lienteria aufgeben müssen.

1731
Den 7.Juni hat sich Valentin Bauch ein Krute von des Obrist Dörfeldts
Regiment zu Meyen nachmittags um 3 Uhr in Jacob Nerkens Wohnstube, der
Wirt mit seiner Frau nicht zu Hause gewesen, erschossen, so dass ihm
das Kleid vom Leibe weggebrannt und die Kugel mit durch den Ofen, an
welchen er sich angelehnt, gegangen ist.

1777
Johann Fiedler, Hans Fiedlers hinterlassener Sohn starb am 1.August
beim Heumachen plötzlich am Schlagfluss, 45 Jahre.

1781
Maria, Rosinas, Gregor Kretschmars Tochter, geborenes Kind starb am
23.Februar. Sie gab keinen Vater an, sondern sagte, sie wäre in
Schkölzig von einem unbekannten Kerl in der Dämmerung genotzüchtigt
worden.Sie hat 8 Tage über der Geburt unter grösster Angst zugebracht.

1787
Fr. Maria Rosina, Samuel Steingräfens Schumachers Eheweib starb den
14.Junio nach einer 4 tägigen Kreisen früh um 4 Uhr, und ward mitsamt
der ungeborenen Leibesfrucht den 16. mit Predigt beerdigt, sie hat
einen zänkischen höchst unangenehmen Ehestand geführt und ihr Leben
gebracht auf 32 Jahr, 2 Monat.

1791
Mstr. Friedrich Bielchen, Zimmermann und Hausbesitzer starb nach langer
Auszehrung am 19.Januar.

1795
Christian August Petzold, junger Einwohner starb am 16.November an
hitzigen Faulfieber, 31 Jahre.

1798
Mstr. August Kretschmar, Schumacher, Nachbar und Einwohner und Gerichts
Schöppe, auch welcher Kirchvater in Schkeitbar starb den 25.Oktober
früh an innerer Entzündung und ward den 26. mit Predigt begraben, alt
64 Jahr, 3 Tage. Er war ein grundehrlicher ganz geliebter Mann.

1799
Michael Schnorbusch, Schenkwirt und Nachbar und Einwohner starb am
18.Oktober nach einem dissoluten (Anm.: zügellos) Leben an der Auszehrung. 55 Jahre, 1 Monat, rel. 4 Kinder und die Wittwe.

1870/71 (deutsch-französischer Krieg)
Gefallene unbekannt.

Aus der Schulchronik von Schkeitbar   *1908*

[handschriftlicher Text in deutscher Kurrentschrift, nicht sicher lesbar]

1908
Am Sonnabend, den 9.Mai zog ein schweres Gewitter über unseren Ort. Der
Schüler Arno Schümichen, Sohn der Witwe Friederike Sch., befand sich mit
seiner 2 Jahre älteren Schwester auf dem Felde, um Distel zu stechen.
Auf dem Heimweg erschlug ihn der Blitz auf dem Wege nach Meyhen in der
Nähe des Keilholdschen Hauses. Die Schwester, die kurz hinter ihm war,
kam mit dem Schreck davon. An der Beerdigung nahm die ganze Schule teil.
Die Mitschüler und Schülerinnen hatten einen Palmzweig, Ruhekissen und
Perlenkranz ihrem plötzlich dahingeschiedenen Kameraden gestiftet.

1914 - 1918
Helden des 1.Weltkrieges

Albin Erbe	26.10.14	gefallen	Russland
Albin Schmidt	30.12.14	gefallen	Russland
Willy Röhr	11.11.14	gefallen	Frankreich
Paul Röhr	26. 1.15	gefallen	Frankreich
Albin Krostewitz	26. 8.18	gefallen	Frankreich
Otto Zimmermann	11. 4.18	vermisst	Frankreich
Felix Mitzschke	7.11.18	verstorben im Lazarett	Frankfurt/M.

1924

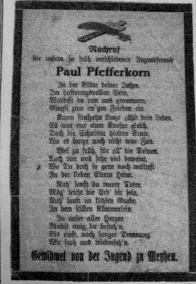

Nachruf
für unsern so früh verschiedenen Jugendfreund
Paul Pfefferkorn

In der Blüte deiner Jahre,
Im hoffnungsvollen Sein,
Wurdest du von uns genommen,
Gingst zum ew'gen Frieden ein.

Kaum fünfzehn Lenze zählt dein Leben,
Es war nur einer Knospe gleich,
Doch die Schnitter hielten Ernte,
Wo es lange noch nicht war Zeit.

Viel zu früh, für all' die Deinen,
Auch von uns sehr viel beweint,
Wo Du doch so gern noch weiltest
In der lieben Eltern Heim.

Ruh' sanft du teurer Toter,
Mög' leicht die Erd' dir sein,
Ruh' sanft im kühlen Grabe,
In dem stillen Kümmerlein.

In unser aller Herzen
Bleibst ewig du besteh'n,
Bis einst, nach langer Trennung
Wir froh uns wiederseh'n.

Gewidmet von der Jugend zu Meyhen.

Paul Pfefferkorn starb
im Alter von 15 Jahren
im September 1924.
Er hatte sich beim Baden
eine Unterkühlung zuge-
zogen.

299

1940
Bruno Ohme
starb im blühenden
Alter von 20 Jahren.
Durch einen tragi-
schen Unglücksfall
ist er im Angerteich
ertrunken.

Plötzlich und unerwartet wurde uns unser
geliebter Sohn und Bruder

Bruno

im blühenden Alter von 20 Jahren durch Unglücksfall entrissen.

In bitterem Schmerz
Familie Paul Ohme, Meyhen.

Beerdigung Mittwoch, den 29. Mai, 14 Uhr von Trauerhause aus.

Nachruf

für unseren so plötzlich dahingeschiedenen
Jugendfreund

Bruno Ohme

† am 26. Mai 1940

Es geht der Winter durch das Land,
Des Todes eisiger Gefährte
Und unter seiner starken Hand
Bricht mancher morsche Ast zur Erde
Ach auch so mancher junge Zweig
Sinkt hin ins stille Totenreich

Am Lebensbaum ein junges Holz
Das warst auch du und mußtest scheiden
Der Eltern Liebe, Glück und Stolz
Nun ihres Herzen schwerstes Leiden
So nah am Ziel in treuem Fleiß
Und nun — ein abgebroch'nes Reis

Noch eben rot und heute tot
Die Kunde mochten wir nicht fassen
Daß in der Jugend Morgenrot
Du mußtest ach, sobald erblassen
Ein lieber Freund, ein junges Blut
So hoffnungsfroh, so treu und gut

Noch eben rot und heute tot
Wir denken Dein im ernsten Schweigen
Des ew'gen Vaters Machtgebot
Rief Dich, so müssen wir uns beugen
Doch zeigt der Glaube uns von fern
Ein Wiederseh'n am Tag des Herrn

Gewidmet von der Jugend zu Meyhen

Slawa

Auszug aus der Chronik von Elke Burgdorf aus dem Jahre 1998:

<u>Slawa</u>

Viele, besonders ältere Menschen, erinnern sich immer wieder an sie. Sie war das Faktotum von Meyhen und dadurch in aller Munde. Kaum jemand kennt ihren richtigen Namen S t a n i s l a w a M a k o w s k a, nur Slawa ist ein Begriff.
Am 25.12.1898 wurde sie als Kind einer polnischen Saisonarbeiterin in Blumental bei Bremen geboren. Schon als Baby wurde sie zu ihrer Großmutter gebracht. Dort wuchs sie auf. Bis 1938 lebte sie in Polen. Sie hatte eine Tochter.
Im Frühjahr 1938 kam Slawa als Saisonarbeiterin - wie schon ihre Mutter - nach Deutschland. Der Landwirt Willy Schmidt in Nr. 14 war ihr erster Arbeitgeber. Als sie einen Blick in das Grundstück geworfen hatte, stand für sie fest, hier werde ich nicht alt.
Doch sie hat hier schnell das Zepter in die Hand genommen und den Bauern sowie die späteren Pächter überlebt. Zuletzt mästete sie für die LPG Schweine.
Man sagt, sie sei eine äußerst fleißige und umsichtige Frau gewesen. Ein jeder, der ihren Garten gesehen hat, war voll des Lobes. Die schönsten Blumen hat sie selbst gezüchtet und vielen Menschen damit Freude bereitet. Der Hof sah stets sauber aus. Die Hausarbeit nahm sie dagegen wohl nicht so genau. Es hat sie nicht geniert, die Fenster nur mit dem Scheuerlappen abzuwischen.
Slawa trank hin und wieder auch gerne ein Gläschen Schnaps. Ihr Lager soll mitunter 20 Flaschen umfaßt haben. Wem sie wohlgesonnen war, der konnte auf einen kräftigen Schluck rechnen. Doch wehe dem, der es nicht mit ihr hielt, der hatte in der Tat nicht's zum Lachen. Nicht selten vertrat sie ihren Standpunkt, der nach ihrer Meinung immer richtig war, lautstark. Hänselten sie einmal die Schulkinder des Dorfes, dann ging sie beschwerdeführend zum Lehrer.
Unsere Sprache hat Slawa nie richtig gelernt, so waren auch Nachbarn manchmal für sie "du dumme Kopp".
Alle Meinungsverschiedenheiten waren aber vergessen, wenn ein Gewitter über Meyhen aufzog. Dann wurden alle Habseligkeiten zusammengepackt und der "Dumme Kopp" von gestern war der beste Nachbar, bei sie dann, ob Tag oder Nacht um Unterschlupf bat.
Frau Makowska lebte hier ein einfaches, sparsames, arbeitsreiches und mitunter zänkisches Leben. Die Sorge galt stets ihrer in Polen lebenden Tochter.
1978 kehrte sie nach 40 Jahren harter Arbeit in Meyhen in ihre polnische Heimat zurück, wo sie noch vier Jahre im Kreise ihrer Familie lebte. Sie starb am 24.11.1982.

Lisa Straube aus Räpitz, die Tochter des Bauern, war ihre Vertraute.

Bei ihr wurden die im Konsum gekauften Waren "zwischengelagert". Auch die Ersparnisse wurden hier deponiert.
Als Slawa später alleine in Meyhen lebte, ging sie sonntags zum Mittagessen zu Frau Straube, wochentags aß sie bescheiden. Einige Kartoffeln aus dem Futterdämpfer taten es mitunter schon.

Slawa und Eveline
Stengler 1940

Herr Krebel,
Frau Straube
und Enkelkinder,
Slawa 1973
in Rapitz

Tochter mit
Familie 1982

Am 11. September 2021 fand in Meyhen ein Dorffest statt, in dem Zusammenhang auch der von Arnd Steyer gestiftete Gedenkstein zur Einweihung kam.

Für das Dorffest hatte Arnd Steyer dankenswerterweise sein Grundstück und das Nebengebäude sowie Strom und Wasser zur Verfügung gestellt. Die nachfolgenden Bilder dienen den Teilnehmern zur Erinnerung und sind Zeitzeugen in dieser Chronik:

Abbildung 148 Festbereich auf dem Grundstück von Arnd Steyer

Abbildung 149 Anlieferung der Bühne durch Grit Grenzdörfer

Abbildung 150 Aufbau der Bühne

Abbildung 151 Aufbau der Bühne

Abbildung 152 Aufbau der Bühne

Abbildung 153 Ansicht von der Bühne

Abbildung 154 Bühne

Abbildung 155 Festfeuer am 10.09.2021

Abbildung 156 Vorfeiern der Aufbauteams

Abbildung 157 Festfeuer

Abbildung 158 Vorfeiern

Abbildung 159 Festfeuer

Abbildung 160 musikalische Begleitung der Vorfeier

Abbildung 161 Aufstellung des Gedenksteins

Abbildung 162 Festbühne ausgestattet

Abbildung 163 Tanzdarbietung der „Tanzmäuse" vom Räpitzer Faschingsclub

Abbildung 164 Kaffee und Kuchen, gestellt durch die Dorfgemeinschaft

Abbildung 165 wie vor

Abbildung 166 wie vor

Abbildung 167 Vortrag zur Geschichte Meyhens durch Gerhard Eggers

Abbildung 168 Musikprogramm "The Bruzzler" aus Österreich

Abbildung 169
Die Veranstal-
ter

Abbildung 170 Die "Toner"

Abbildung 171 The Bruzzler mit Gastspieler Tom

Abbildung 172 Drehleiter der Feuerwehr Markranstädt

Abbildung 173 Herr Pfarrer Gebhardt bei seiner Segensrede

Abbildung 174 Leipziger Communalgarde

Abbildung 175 Arnd Steyer, Klaus Gablenz, Gerhard Eggers und die Leipziger Communalgarde

Abbildung 176 Enthüllung des Gedenksteins durch Geburtstagskind Philipp

Abbildung 177 Inspirationen

Abbildung 178 wie vor

Abbildung 179 wie vor

Abbildung 180 Festvortrag

Abbildung 181 Festvortrag

Abbildung 182 Gedenksteineinweihung

Abbildung 183 wie vor

Abbildung 184 wie vor

Abbildung 185 wie vor

Abbildung 186 Kaffee und Kuchen

Abbildung 187 Impressionen

Abbildung 188 wie vor

Abbildung 189 wie vor

Abbildung 190 wie vor

Abbildung 191 wie vor

Abbildung 192 Impressionen

Abbildung 193 wie vor

Abbildung 194 wie vor

Abbildung 195 Abfeuern der Kanone

Abbildung 196 Impressionen

Abbildung 197 wie vor

Abbildung 198 wie vor

Abbildung 199 Festbereich aus der Luft

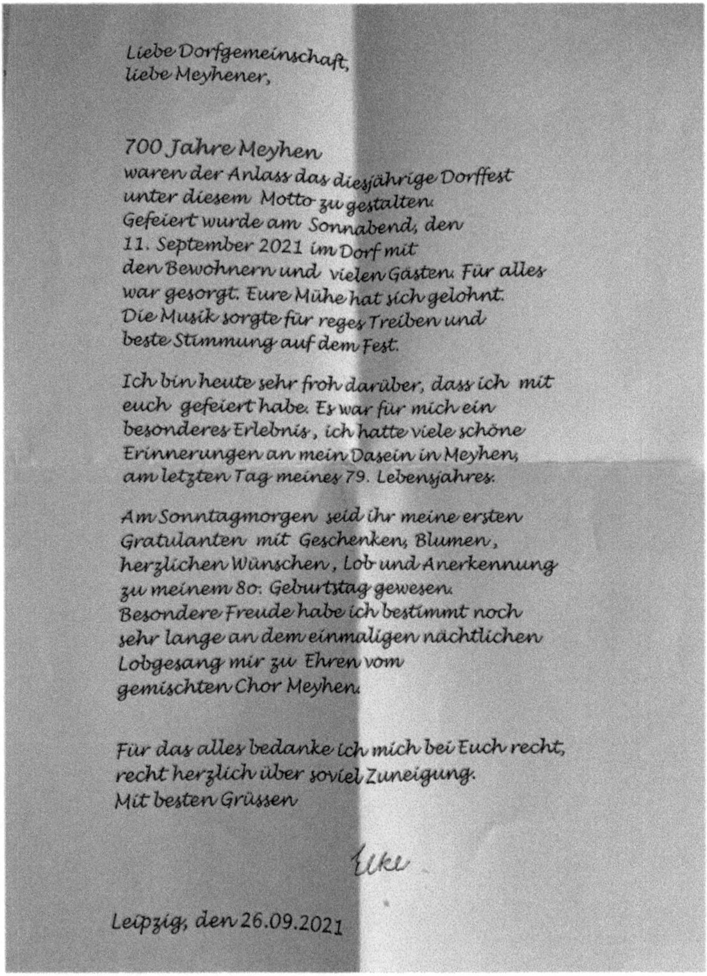

Liebe Dorfgemeinschaft,
liebe Meyhener,

700 Jahre Meyhen
waren der Anlass das diesjährige Dorffest
unter diesem Motto zu gestalten.
Gefeiert wurde am Sonnabend, den
11. September 2021 im Dorf mit
den Bewohnern und vielen Gästen. Für alles
war gesorgt. Eure Mühe hat sich gelohnt.
Die Musik sorgte für reges Treiben und
beste Stimmung auf dem Fest.

Ich bin heute sehr froh darüber, dass ich mit
euch gefeiert habe. Es war für mich ein
besonderes Erlebnis, ich hatte viele schöne
Erinnerungen an mein Dasein in Meyhen,
am letzten Tag meines 79. Lebensjahres.

Am Sonntagmorgen seid ihr meine ersten
Gratulanten mit Geschenken, Blumen,
herzlichen Wünschen, Lob und Anerkennung
zu meinem 80. Geburtstag gewesen.
Besondere Freude habe ich bestimmt noch
sehr lange an dem einmaligen nächtlichen
Lobgesang mir zu Ehren vom
gemischten Chor Meyhen.

Für das alles bedanke ich mich bei Euch recht,
recht herzlich über soviel Zuneigung.
Mit besten Grüssen

Elke

Leipzig, den 26.09.2021

Abbildung 200 Grußschreiben Elke Burgdorf an die Dorfgemeinschaft

Abbildung 201 Auszug aus dem Gästebuch 700-Jahrfeier 2021

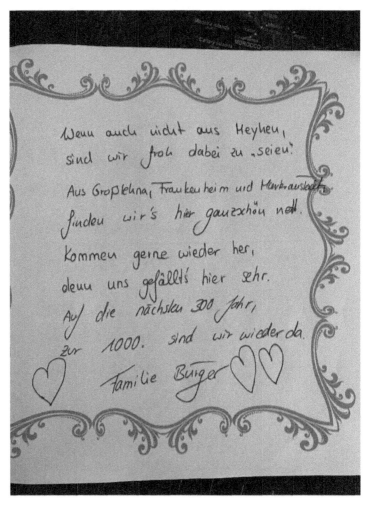

Abbildung 202 Auszug aus dem Gästebuch 700-Jahrfeier 2021

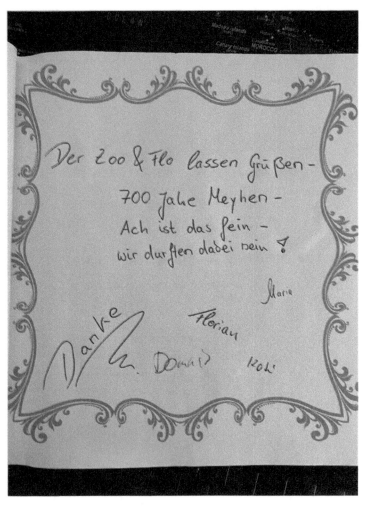

Der Zoo & Flo lassen Grüßen –
700 Jahre Meyhen –
Ach ist das fein –
wir durften dabei sein !

Marie

Danke

Florian

M. Domi?

Roli

Abbildung 203 Auszug aus dem Gästebuch 700-Jahrfeier 2021

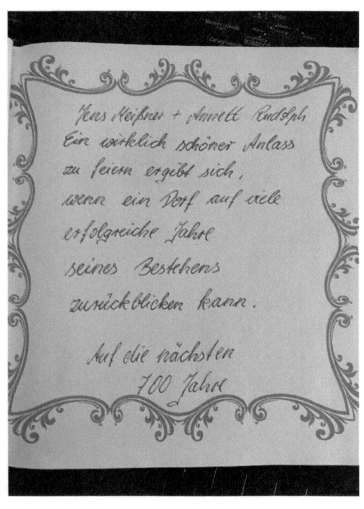

Abbildung 204 Auszug aus dem Gästebuch 700-Jahrfeier 2021

Es war eine sehr schöne gelungene
Jubiläumsfeier,
wir fühlten uns sehr wohl in
unserem Dorf und hoffen auf
noch viele schöne Jahre in der
Gemeinschaft   (Dorfplatz A)
        Fam. Uwe u. Kerstin
                Blockus
Dankeschön an die Organisatoren

Abbildung 205 Auszug aus dem Gästebuch 700-Jahrfeier 2021

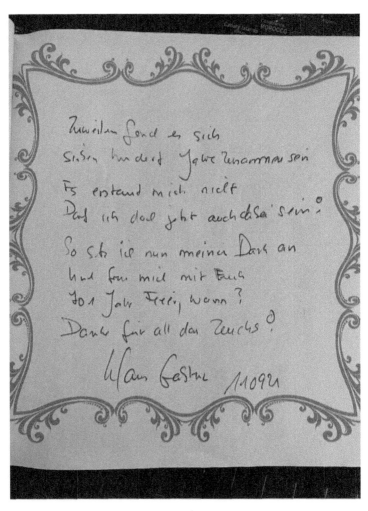

Abbildung 206 Auszug aus dem Gästebuch 700-Jahrfeier 2021

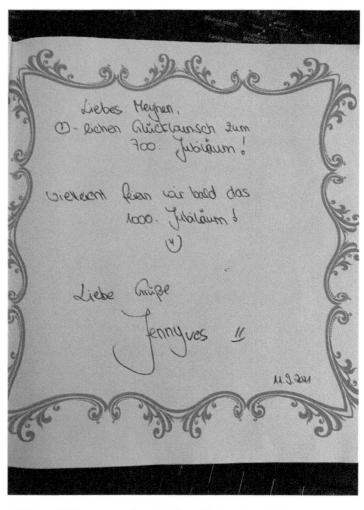

Abbildung 207 Auszug aus dem Gästebuch 700-Jahrfeier 2021

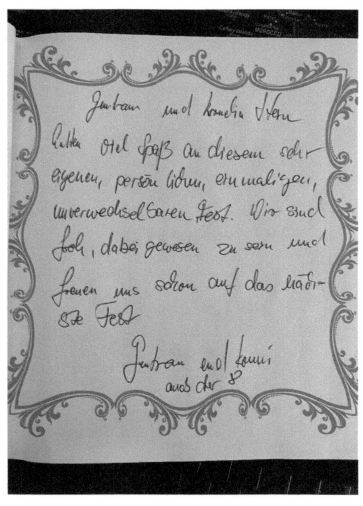

Abbildung 208 Auszug aus dem Gästebuch 700-Jahrfeier 2021

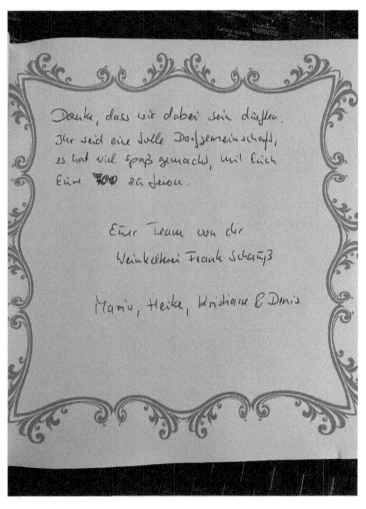

Abbildung 209 Auszug aus dem Gästebuch 700-Jahrfeier 2021

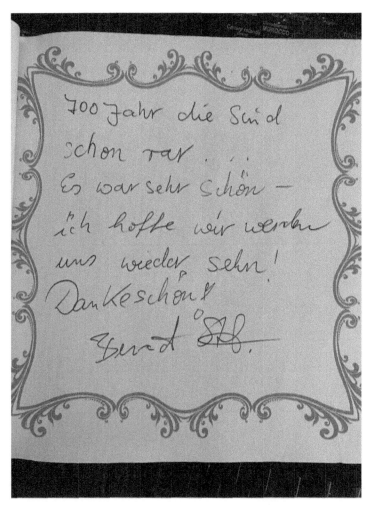

Abbildung 210 Auszug aus dem Gästebuch 700-Jahrfeier 2021

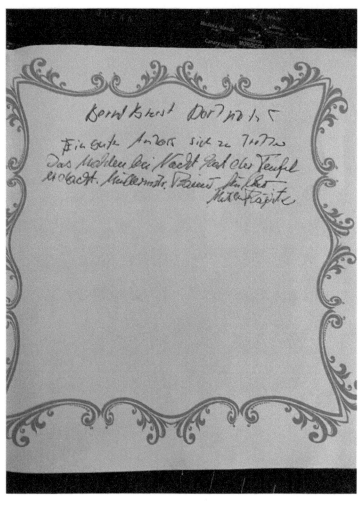

Abbildung 211 Auszug aus dem Gästebuch 700-Jahrfeier 2021

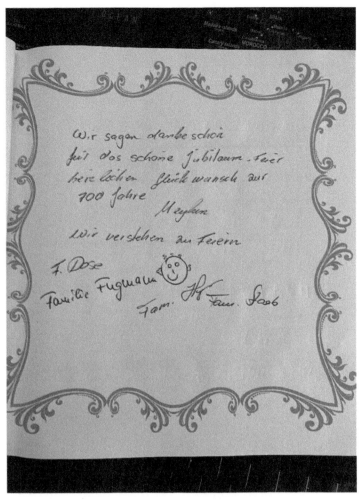

Abbildung 212 Auszug aus dem Gästebuch 700-Jahrfeier 2021

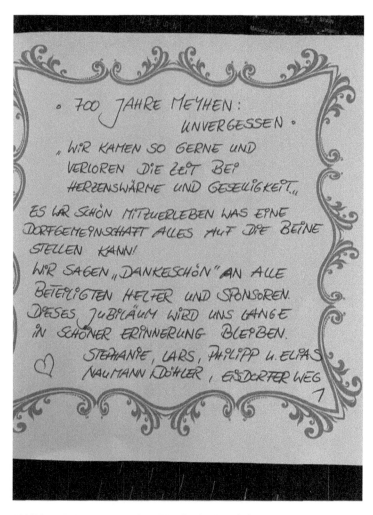

Abbildung 213 Auszug aus dem Gästebuch 700-Jahrfeier 2021

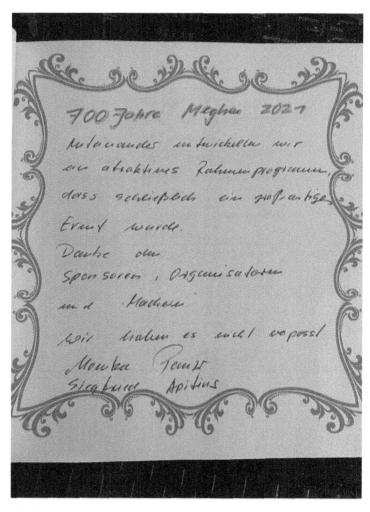

Abbildung 214 Auszug aus dem Gästebuch 700-Jahrfeier 2021

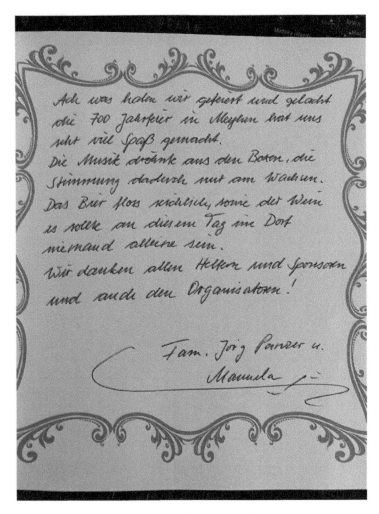

Ach was haben wir gefeiert und gelacht
die 700 Jahrfeier in Meylun hat uns
sehr viel Spaß gemacht.
Die Musik dröhnte aus den Boxen, die
Stimmung dadurch mit am Wachsen.
Das Bier floss reichlich, sowie der Wein
es sollte an diesem Tag im Dorf
niemand alleine sein.
Wir danken allen Helfern und Sponsoren
und auch den Organisatoren!

Fam. Jörg Panzer u.
Manuela

Abbildung 215 Auszug aus dem Gästebuch 700-Jahrfeier 2021

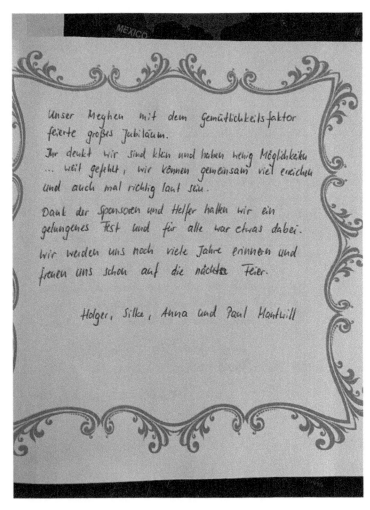

Unser Meghen mit dem Gemütlichkeitsfaktor feierte großes Jubiläum.

Ihr denkt wir sind klein und haben wenig Möglichkeiten ... weit gefehlt, wir können gemeinsam viel erreichen und auch mal richtig laut sein.

Dank der Sponsoren und Helfer hatten wir ein gelungenes Fest und für alle war etwas dabei.

Wir werden uns noch viele Jahre erinnern und freuen uns schon auf die nächste Feier.

Holger, Silke, Anna und Paul Manthill

Abbildung 216 Auszug aus dem Gästebuch 700-Jahrfeier 2021

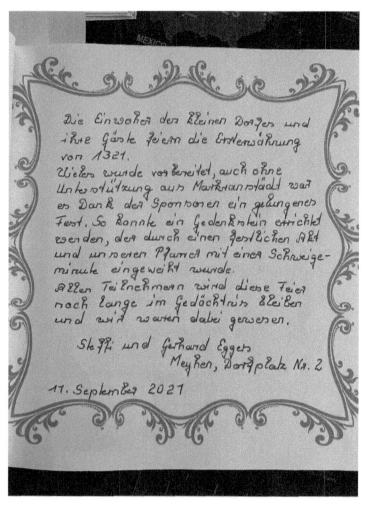

Die Einwohner der kleinen Dörfer und ihre Gäste feiern die Ersterwähnung von 1321.
Vieles wurde vorbereitet, auch ohne Unterstützung aus Markranstädt war es Dank der Sponsoren ein gelungenes Fest. So konnte ein Gedenkstein errichtet werden, der durch einen festlichen Akt und unseren Pfarrer mit einer Schweige-minute eingeweiht wurde.
Allen Teilnehmern wird diese Feier noch lange im Gedächtnis bleiben und wir waren dabei gewesen.

Steffi und Gerhard Eggers
Meyhen, Dorfplatz Nr. 2

11. September 2021

Abbildung 217 Auszug aus dem Gästebuch 700-Jahrfeier 2021

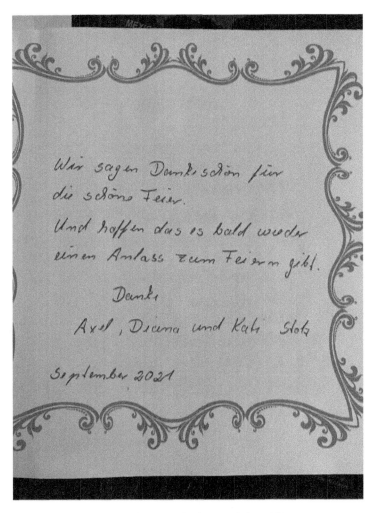

Abbildung 218 Auszug aus dem Gästebuch 700-Jahrfeier 2021

Unsortierte Szenen der 700 Jahr Feier

LEIPZIGER COMMUNALGARDE e.V.
Sommerfelder Str. 11
04451 Borsdorf / OT Panitzsch

376

AKTUELLE LUFTAUFNAHMEN VON MEYHEN

Abbildung 219 Luftaufnahme Meyhen (Quelle: Herausgeber)

Abbildung 220 Luftaufnahme Meyhen (Quelle: Herausgeber)

Abbildung 221 Luftaufnahme Meyhen (Quelle: Herausgeber)

Abbildung 222 Luftaufnahme Meyhen (Quelle: Herausgeber)

Abbildung 223 Luftaufnahme Meyhen (Quelle: Herausgeber)

ABBILDUNGSVERZEICHNIS

STICHWORTVERZEICHNIS

412

EIGENE NOTIZEN

To be continued...